EMILE GUIMET

AUTEUR DES CROQUIS EGYPTIENS

L'ORIENT D'EUROPE

AU FUSAIN

NOTES DE VOYAGE

PARIS

J. HETZEL, LIBRAIRE-ÉDITEUR

18, RUE JACOB, 18

1868

L'ORIENT D'EUROPE

AU FUSAIN

ÉMILE GUIMET

AUTEUR DES CROQUIS ÉGYPTIENS

L'ORIENT D'EUROPE

AU FUSAIN

NOTES DE VOYAGE

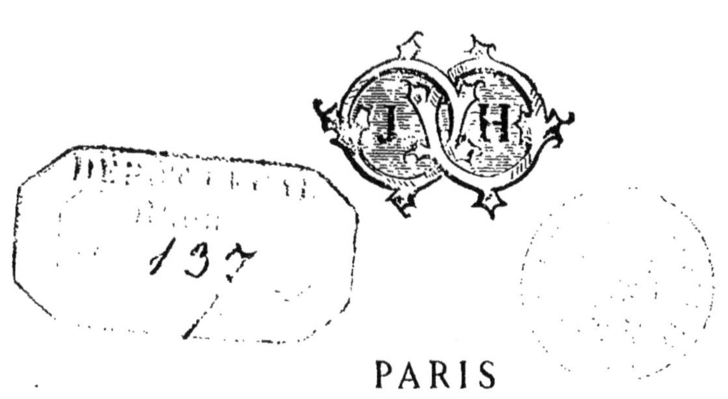

PARIS

J. HETZEL, LIBRAIRE-ÉDITEUR

18, RUE JACOB, 18

1868

L'ORIENT D'EUROPE AU FUSAIN

A bord de l'*Ilissus*, commandant Pointel,
en vue d'Hydra, 7 mai 1868.

Voilà cinq jours que nous avons quitté Marseille et nous ne rêvons que temples antiques, souvenirs historiques, Vénus paphienne.... et voilà que ce matin je me réveille nez à nez avec Cythère ! Le navire rase l'île aux côtes arides et ferrugineuses. On n'aperçoit pas l'ombre d'un bosquet; ô poètes, en auriez-vous menti?

Après avoir doublé le cap Malée, et avoir salué l'ermite qui avait arboré un superbe drapeau grec, nous continuons à suivre les côtes de la Laconie. Nous apercevons, au-dessus des montagnes sèches et tourmentées, un sommet blanc, c'est le Taygète. A droite, les îles de l'Archipel et, au fond, derrière nous, des silhouettes neigeuses sortent de la mer, c'est la Crète.

Le temps est redevenu splendide. Les îles se succèdent, chacune porte avec elle quelque souvenir historique; je remarque surtout Anti-Milo, coupée à pic comme un dé au milieu des eaux.

Nous voici en face d'Hydra, île allongée qui nous cache l'Argolide. La partie habitée et fertile de l'île s'abrite du côté du continent, et c'est de ce port à double issue que partaient toutes les expéditions, lors de la guerre de l'indépendance.

Enfin nous entrons dans le golfe d'Egine et nous ne tardons pas à voir au loin Athènes adossée au Lycabette et encadrée, défendue en quelque sorte par trois grandes montagnes, le Parnès, le Pentélique et l'Hymète. Les côtes du golfe sont escarpées et forment avec l'ile d'Egine, qui est placée au centre, des contours énergiques et harmonieux, dont les plans différents donnent un grand charme à la vue générale.

Au moyen d'une lunette marine on peut distinguer l'Acropole qui domine Athènes; le Parthénon apparait comme un joujou, et pourtant

on tressaille en le voyant dans le champ de la
lunette; que d'émotions ce temple fait naître,
que de souvenirs il évoque! On se serre les mains
sans savoir au juste pourquoi, et tout joyeux
on se dit les uns aux autres : « C'est le Parthénon! »

La nuit est déjà arrivée quand nous entrons
dans le port du Pirée. La lune se lève radieuse
et lutte de clarté avec les mille lumières du port.
Les embarcations assiégent le navire. On crie
beaucoup dans toutes sortes de langues.

Grâce à l'obligeance de M. R., nous nous ti-
rons d'affaire sans trop de peine. Une barque
nous mène à la douane, puis, de là, à l'autre
bout du port où stationnent des voitures. Là on
se dispute un peu avec les cochers, puis à force
de parler fort on finit par s'entendre, et, après
avoir fait charger les bagages sur un véhicule,
nous partons à travers les rues du Pirée, illu-
minées par de nombreux cafés, dans lesquels on
voit de longues files de consommateurs en fus-
tanelles blanches et en bonnets rouges.

Mais au moment où nous nous engageons sur
la grand'route, des gens armés de fusils font
arrêter la voiture. On m'avait bien dit qu'il y
avait encore des brigands sur la route d'Athè-

nes, mais je ne croyais pas avoir à subir si tôt cette impression de voyage. M. R. s'explique avec les brigands, et nous apprenons qu'ils sont soldats du roi et qu'ils ne veulent point nous laisser passer, sous le prétexte que nous n'avons pas été à la douane. — « Donnez une drachme au caporal, nous dit-on, et vous passerez! » M. R. préfère retourner au port sous bonne escorte. Là les douaniers attestent notre innocence et les soldats du roi, un peu attrapés de n'avoir aucun pourboire de leurs prisonniers, nous rendent la liberté. Allons, la captivité n'a pas été bien rude.

Nous partons enfin au grand trot de deux petits chevaux.

La route du Pirée à Athènes est fort jolie au clair de la lune; elle traverse des vignes et des bois d'oliviers qui paraissent bien cultivés.

On a eu soin, pour la plus grande satisfaction des voyageurs, de la border de peupliers argentés, de petites guinguettes et de patrouilles à pied et à cheval.

Bientôt se dessinent dans le ciel des colonnades, des frontons noirs, des ombres crénelées : c'est le temple de Jupiter, celui de Thésée et l'Acropole. Nous entrons dans une atmosphère toute parfumée de senteurs énervantes ; ce sont les jardins d'Athènes qui nous souhaitent la bienvenue et nous envoient les parfums de leurs orangers, acacias, nymphéas, roses et jasmins.

La ville est éclairée au gaz; c'est un malheur! L'architecture des maisons est d'un assez bon style et, au clair de la lune, rien ne serait facile comme d'avoir l'illusion antique....... mais ce gaz!

Vendredi 8 mai 1868.

Ce matin nous suivons la rue d'Eole, où notre hôtel est situé. Elle nous conduit à la *tour des vents*, monument romain qui servait de girouette et d'horloge. Indépendamment des lignes tracées pour le cadran solaire, on voit encore l'aqueduc qui amenait l'eau à une clepsydre placée dans l'intérieur.

Sur la place qui entoure le monument, nous assistons à un transport de brigands prisonniers. On les fait sortir de la prison, les coudes liés à la mode antique mais peu serrés, et on en charge quatre grandes charrettes. Ils ont assez bon air; quelques soldats les escortent; la population paraît leur être très-sympathique. Leurs femmes et leurs enfants viennent leur dire adieu; les soldats semblent fort touchés. Quant aux prisonniers, ils partent assez gais.

Naturellement nous voulons savoir où on les emmène et nous nous adressons à un officier qui ne comprend, hélas, que le grec. Il en fait venir un second qui dit quelques mots français, et nous apprenons que ce sont des prisonniers. Nous l'avions deviné.

Nous insistons pourtant en indiquant la direction que le convoi a prise. Soudain l'officier parait illuminé, il a compris enfin. Il fait avancer un soldat et lui intime l'ordre de nous conduire dans le sens de nos gestes. Nous suivons notre guide jusqu'à une porte verrouillée gardée par un geôlier à mine rébarbative. Après quelques mots échangés entre notre escorte et le geôlier, les verroux se tirent et l'on nous dit d'entrer.

Cela parait très-noir derrière cette porte; est-ce que notre importunité à l'égard de l'officier aurait été prise en mauvaise part? est-ce que par hasard on nous mènerait en prison? Nous hésitons à nous introduire dans ces sombres cachots. Pourtant la curiosité l'emporte et nous nous trouvons dans une petite mosquée sarrazine encombrée de reproductions en plâtre. C'est une étrenne qu'il nous faut donner à notre pseudo-geôlier pour nous avoir montré, *par ordre supérieur*, des copies insignifiantes.

Lorsque les chaleurs de midi sont passées, il y a ici une charmante promenade à faire. Suivre le boulevard bordé d'élégants poivriers qui

longe le jardin du roi et arriver au temple de
Jupiter sur les bords de l'Ilissus. On s'installe à
l'ombre des énormes colonnes qui paraissent
s'élancer à perte de vue jusqu'au fond du ciel et
l'on se fait servir une tasse de café turc arrosé
d'un verre d'eau fraîche, puisée à la fontaine
sacrée de Callirhoë. La vue se repose sur des
champs, sur des moulins à vent dont les ailes
réunies par les extrémités forment une sorte
d'ombrelle fendue entre les baleines ; puis le
regard s'étend sur les collines de Musée et sur
les côtes du golfe. A droite, au premier plan, se
présente l'arc d'Adrien, et, au-dessus, l'Acropole sombre et dentelé. Pendant que nous admirons, des soldats viennent faire l'exercice sur
la plate-forme du temple. Il est assez curieux de
voir les descendants des guerriers de Marathon
crier : *Portez armes!* » et manœuvrer sur l'air
de la *Casquette* que les clairons soufflent à
pleins poumons. Beaux militaires, du reste, les
Grecs ont pour idéal le troupier français ; ils
ont remplacé l'élégant costume du palicare par
le képi et la veste collée aux reins, les éclatantes
guêtres brodées par le prosaïque pantalon, et ils
croient progresser.

La fraîcheur venue, nous allons au temple de

Thésée, sur lequel nous ne jetons qu'un coup-d'œil, car la nuit arrive et nous voudrions voir le Pnyx, l'ancienne tribune. Mal renseignés, nous errons de collines en collines jusqu'au tombeau de Philopappos, élégant et grandiose hémicycle, perché, ruiné et chancelant, sur un sommet fort en vue. Les nombreuses sculptures qui l'ornaient donnent, quoique fort mutilées, une idée de son ancienne beauté.

Le crépuscule nous envahit. Au loin, nous voyons le golfe. La mer semble d'argent et l'île de Salamine se détache en noir sur les côtes de Mégare ; Egine s'estompe dans la brume, et l'on se prend à penser aux grandes choses accomplies dans cette petite bande blanche qui scintille au fond de la fertile plaine du Céphise. On croit voir Xercès en déroute malgré sa formidable puissance ; on se souvient de la reine Arthémise se battant comme un homme et des satrapes fuyant comme des femmes ; on songe à Thémistocle...

Et l'on se retourne pour voir Athènes. La ville moderne se présente par échappées entre les collines noires qui l'entourent. Parmi les maisons blanches, noyées dans les vapeurs du soir, les lumières commencent à briller. Tandis

qu'au dessus, calme dans sa splendeur, presque
pensif, le Parthénon montre aux hommes ce que
peut un peuple quand il sait réunir, à un moment
donné, un vif sentiment du beau et un sincère
entraînement vers le bien.

Samedi 9 mai.

Nous partons de bonne heure pour visiter l'Acropole en passant par la porte de l'Agora.

Les Propylées, le Parthénon, la Pinacothèque, l'Erechthéion, le petit temple de la Victoire sans ailes, les mille débris qui jonchent le sol et les splendides bas-reliefs que les Anglais ont bien voulu laisser, tout cela nous étourdit tant soit peu. Aussi, après avoir vu l'ensemble, nous revenons déjeuner légèrement ahuris.

Pour nous remettre des fatigues archéologiques du matin, nous parcourons les faubourgs qui mènent au temple de Thésée en longeant les restes du Prytanée.

Stop dessine un peu partout ; les indigènes s'y prêtent avec gaieté. Je ne sais si je reviendrai sur l'impression première, mais le peuple d'Athènes me plaît beaucoup. Il est tout de suite ouvert, gracieux et bienveillant, très-curieux, un peu naïf, grand enfant en somme. Je crois qu'en France, après avoir exalté les Grecs outre mesure, nous avons avec trop de facilité accepté l'idée que c'est un peuple de gredins. Maintenant qu'ils n'ont plus le prestige de l'oppression turque, ils nous paraissent stérilement turbulents ; nous ne les voyons plus qu'à travers des histoires de brigandages et de pirateries, et je crois qu'avec notre manière de tomber dans les extrêmes, nous jugeons faux.

Peut-être, après tout, ces amis d'un instant que nous nous faisons aux coins des rues ne seraient pas d'un commerce bien solide si nous voulions pousser les relations plus avant ; aussi nous ne leur demandons que le dévouement qu'on réclame du premier venu. Si ce sont des vauriens, ils sauvent admirablement les apparences; ils sont polis et complaisants ; nous n'en voulons pas davantage.

Parmi nos intimes improvisés, je puis tout à mon aise étudier le type grec. J'en trouve deux spécimens très-tranchés : l'un que j'appellerai le type *palicare*, au nez alourdi, aux traits accentués, aux cheveux raides et noirs. L'autre est la reproduction aussi exacte que possible des sujets du Parthénon. Ce n'est guère que chez les enfants et les adolescents que l'on peut retrouver ces traces de race antique , et encore très en détail ; il faut même un certain effort, mais plus d'attention que d'imagination.

Presque tous ont le milieu du front rempli et le bas des joues arrondi, caractère fort rare ailleurs. Du reste, il ne faut pas s'imaginer qu'au temps de Périclès les Adonis se voyaient en foule dans les rues. Malgré la préoccupation constante des gens d'alors de se faire le visage beau et le corps parfait, on sait avec quelle peine Phidias exécuta son idéal, en prenant à l'un la nuque, à l'autre la poitrine, à celui-ci l'oreille, à celui-là les yeux, etc. Et je suis persuadé que si un nouveau Phidias se présentait dans Athènes, il pourrait refaire le travail de son devancier avec une assez grande richesse de matériaux.

Le temple de Thésée, qui est le mieux conservé de la Grèce, contient une sorte de musée où il y a de fort belles choses, mais tout cela entassé sans ordre. Les catalogues sont inconnus ici.

J'y ai remarqué un jeune homme debout qui rappelle, comme pose, l'Achille du Louvre et, comme modelé, le gladiateur; les pieds manquent; il a été trouvé à Eleusis.

Un bas-relief, également d'Eleusis, paraît antérieur à Phidias : c'est un jeune homme entre deux femmes. On voit que l'artiste, embarrassé pour représenter de trois quarts l'œil d'une des femmes, a pris, comme les anciens Egyptiens, le parti de mettre un œil de face dans un visage vu de côté.

Beaucoup de stèles funéraires sont fort bien sculptées. La plus belle, à mon avis, représente un jeune chasseur élevant un lièvre au-dessus de son chien ; indépendamment des grâces de l'ensemble et de la pureté des lignes, il faut admirer la vie qui circule dans ce corps ; la poitrine respire, la tête pense, la chair frémit.

On a mis sous verre un bas-relief trouvé à Marathon. C'est un guerrier qui a tout le caractère archaïque. Ce marbre est une des plus anciennes sculptures grecques connues. Or, je suis bien aise de retrouver là, dans sa pureté, le type palicare ; il ne manque à ce soldat qu'une grosse moustache pour être complet. Ceci prouve donc que si l'école du Parthénon n'a pas reproduit les traits les plus répandus maintenant en Grèce, ce n'est pas une preuve qu'elle ne les avait pas sous les yeux, mais une constatation de l'aversion qu'elle avait pour ces physionomies.

Au sortir du temple, nous parcourons sur la colline des Nymphes l'emplacement de l'Athènes primitive. On voit encore, taillée dans le rocher, la démarcation des maisons ; sur un seuil est écrit, en larges caractères archaïques, ορος θεου (montagne de Jupiter). Tout auprès est la tribune aux harangues , coupée dans le roc et dominant une plate-forme supportée par d'énormes blocs pélasgiques. L'orateur, placé sur une sorte de piédestal, avait à sa droite l'Acropole, le fronton du Parthénon ; devant lui, l'Agora, puis le Pentélique, et son regard s'étendait sur les champs cultivés par les Athéniens. On peut dire, sans métaphore, que la *chose publique* était sous ses yeux, et la vue des objets mis en cause dans les discussions devait donner un grand poids aux arguments.

Le soir, nous allons au théâtre. On joue (le croirait-on ?) *Orphée aux Enfers* du μουσικοδιδασκαλου ωφεμπακου, et en français encore !

En somme, c'est très-mauvais.

A côté du théâtre, il y a une colonne antique autour de laquelle on a construit, il y a peu de temps, une petite chapelle. La colonne est encastrée dans le temple et dépasse la toiture comme une cheminée. Les savants l'appellent la colonne d'Esculape. Elle fut mise en grande vogue vers le IIIᵉ siècle , lorsque le grand mouvement spirite émotionna toute l'Asie-Mineure, et mêla les incantations à la pharmacie. On avait criblé la pierre d'une quantité de petits clous, et lorsque quelqu'un tombait malade, on y attachait à son intention un petit morceau de laine ; il paraît que, si on avait soin de faire cela suivant certains rites, c'était souverain contre le mal.

Lorsque la foi chrétienne remplaça le paganisme, les braves Athéniens ne voulurent pas perdre le bénéfice d'un si excellent médecin, et si peu coûteux. Ils firent bénir la colonne, construisirent un édicule autour, et les petits morceaux de laine continuent, comme par le passé, à sauver l'humanité souffrante.

Dimanche 10 mai.

Nous entendons la messe grecque dans différentes chapelles et dans la cathédrale. Les églises grecques ont un jubé entièrement fermé derrière lequel se célèbrent les saints mystères. La
foule assiste debout sans rien voir ; des chantres
à la voix nasillarde psalmodient des mélopées
assez semblables à nos plain-chants. A la cathédrale, les chanteurs, mieux dressés, avaient du
rhythme, de la mélodie, et finissaient souvent en
tierce.

Presque toujours une voix fait une pédale de
basse et maintient le son, même lorsque le chant
s'arrête ; j'ai cru d'abord entendre un basson qui
donnait le ton.

Parfois, le rideau, qui ferme la porte du sanctuaire, s'écarte, et le patriarche célébrant vient
prononcer quelques paroles, puis il se retire et
le rideau se ferme.

Les assistants sont peu nombreux et exécu-
tent force signes de croix à la grecque, de droite
à gauche, terminés chacun par un salut.

La plupart des Grecs sont croyants et prati- quants, au moins à Pâques. Ils ont une petite religion, mignonne comme leurs églises, facile• et pas hargneuse du tout. Les popes ne s'occu- pent que de leur service religieux ; la politique, les questions d'éducation et autres les laissent indifférents. Ils croient inutile de faire de longs sermons destinés à convaincre ceux qui ont déjà la foi. Peu exigeants, ils ont fait au peuple une croyance douce et commode.

C'est, en somme, le système de l'ancien paga- nisme. Les Grecs ont remplacé leur Olympe par une douzaine de saints principaux. Chaque tem- ple, transformé en église, a pris le vocable du saint dont les attributions ou le nom pouvaient avoir quelque rapport avec le dieu primitivement vénéré ; ainsi, saint Elie (Ἥλιος, le soleil) rem- place Apollon, sainte Sophie (σοφία, la sagesse) a pris les temples de Minerve, saint Georges et saint Michel se sont substitués aux Dioscures et à Hercule, saint Vincent, patron des vignerons, a détrôné Bacchus, et ainsi des autres.   -

Au milieu de cet état-major, Dieu leur appa- raît dans le vague comme Jupiter ; ils sont peu liés avec lui et plus à l'aise avec ses saints.

Quant à la morale du Christ, prévue par les

philosophes, elle a sensiblement épuré les mœurs à la surface et elle a dispensé les nouveaux venus de chercher mieux.

Il y a eu aujourd'hui une séance curieuse dans l'antique théâtre qu'Hérode Atticus, riche particulier, fit construire sur le flanc de l'Acropole.

Les élèves de l'Université représentaient l'Ajax de Sophocle avec tous les accessoires et jeux de scène qui étaient en usage du temps de l'auteur.

Cette reproduction saisissante m'a fait une impression indicible. Les jeunes gens jouaient avec une élévation de sentiment, une vérité d'expression qui transportait l'auditoire. Et puis, cette langue grecque est si belle, si sonore, que nous-mêmes, qui ne la comprenions pas, nous étions tout émus. Les vers, lancés avec âme par les acteurs, semblaient réveiller les échos qui dormaient dans les vieilles pierres depuis des siècles ; l'enceinte dégradée se ranimait sous le souffle de l'art, c'était une véritable résurrection !

Bravo, jeunes gens ! Vous faites là une belle action. Honorez vos anciens maîtres, ce sera du vrai patriotisme, surtout lorsque vous interpréterez vos vieux poètes avec un talent pareil.

Ajax était fort beau, sombre, sauvage, dramatique et naturel. Le rôle de la jeune captive était rempli par un bel adolescent à la voix de tragédienne. Quelle noble fille que ce gamin de seize ans !

Renseignements pris , ce gamin de seize ans se trouve être une actrice. Ah çà, est-ce qu'à l'université d'Athènes on a des professeurs de déclamation de cet âge et de ce sexe ? Voilà un enseignement secondaire des garçons qui me paraît présenter quelque agrément.

Dans cette représentation, il y avait bien, pour tout dire, des revers à la médaille. Le public était peu nombreux, tandis qu'hier nous avons failli n'avoir pas de place à *Orphée aux enfers*. Les costumes étaient romains et quelques jeunes interprètes des chœurs, accoutrés de vêtements criards, s'étaient fourré sous le nez d'énormes moustaches postiches, dignes de vieux palicares.

Pendant les entr'actes, une musique d'amateurs exécutait sur d'assez bons instruments autrichiens des fantaisies italiennes. Il paraît que les musiques d'harmonie ont du succès ici. Celle-là, quoique peu nombreuse, était très-convenable. Malheureusement , tout cet ensemble manquait de cachet antique ; ce mélange de scènes homériques et de polka-mazourkes nous rappelait trop souvent que le public portait des chapeaux de Bordeaux et des habits de Paris en guise de chlamydes.

Le soir nous errons par la nuit sur les bords de l'Ilissus, en face l'ancien stade qui servait aux courses. C'est encore Hérode Atticus qui avait agrandi et orné ce vaste hippodrome construit entre deux collines. Le tombeau du donataire avait été élevé sur une de ces éminences. Du reste, il fait très-noir et nous ne pouvons admirer que de confiance.

La population endimanchée est répandue dans la campagne. L'air chargé des parfums du printemps retentit de chansons et de rires. Les collines couvertes d'habitations éclairées à l'intérieur semblent des papiers de dioramas lumineux et perforés.

Après avoir pris du café dans une sorte de cabaret perdu parmi les bosquets, nous revenons chez nous à travers la ville encore fort animée malgré l'heure avancée.

Lundi 11 mai.

A quatre heures du matin nous étions en voiture sur la route du Pentélique.

Laissant le Lycabette à gauche et allant parallèlement au Mont Hymète, nous traversons un pays dont la culture et l'aspect ne diffèrent en rien de ce qu'on voit en Provence. Le premier groupe de maisons que l'on rencontre est l'antique Alopèce, patrie de Socrate et d'Aristide.

Avant d'arriver à Khalandria, joli village aux frais ruisseaux, nous dépassons une petite patrouille composée de quatre hommes et un caporal; ils marchent d'un pas rapide et nous saluent avec respect, ce qui nous étonne un peu.

C'est à Khalandria, autrefois Cholarge, pays de belles femmes, que naquit Périclès.

A mesure que nous approchons des premiers contre-forts du Pentélique, la nature devient plus boisée et plus agreste. Nous sommes vraiment dans les montagnes et la route contourne des vallons pittoresques.

Au bout de deux heures, nous arrivons à un

bois d'énormes oliviers qui précèdent une superbe salle d'ombrage plantée de peupliers blancs séculaires.

Les sources jaillissent de toutes parts, tout est vert, frissonnant, tacheté d'ombre et de lumière. À travers les arbres on aperçoit les blanches constructions d'un couvent de moines. C'est là que nous devons laisser les chevaux et commencer l'ascension à pied.

Nous entrons dans le monastère. Les moines sont à l'église et chantent l'office. Devant quelques-uns de jolis moinillons de quatorze ans récitent à haute voix les versets chantés. Ce mélange de paroles et de musique est assez étrange. La chapelle est comme tous les sanctuaires grecs ; on y trouve beaucoup de peintures et un jubé clos.

La cérémonie terminée, Stop dessine rapidement quelques portraits et s'abouche avec un des pères qui parle italien. Nous demandons un guide pour nous conduire. Le révérend, qui du reste est assez crasseux, refuse de nous donner un des petits apprentis moines que nous lui désignons et s'offre lui-même ; c'est vraiment trop d'honneur pour nous, et nous éprouvons quelques regrets à voir ce vénérable vieillard à barbe blanche nous précéder dans le rude sentier.

Pendant ces pourparlers, la patrouille, que nous avions rencontrée en route, était arrivée au couvent et faisait mine de nous escorter. Nous commençons à flairer une gracieuseté de l'ambassadeur de France qui savait notre projet d'excursion. En effet, les soldats déclarent qu'ils doivent accompagner *deux grands seigneurs;* or, les grands seigneurs, c'est nous.

Notre armée inattendue ne laisse pas que de nous embarrasser un peu, d'autant que nous sommes persuadés de l'absence de danger; on monte au Pentélique tous les jours sans rencontrer le moindre brigand. Pourtant les ordres qu'à reçus le caporal sont formels, et, malgré notre insistance pour monter seuls, il nous faut subir l'escorte.

On aura longtemps beaucoup de peine à bien comprendre, en France, le brigandage grec. Il diffère complètement du banditisme corse occasionné par le malentendu des vendettas et de la police. Il n'a non plus aucun rapport avec le banditisme italien et la piraterie des îles, issus de la paresse et de la misère des indigènes.

Le brigandage grec est une institution qui a ses racines dans les idées politiques et religieuses les plus vivaces. A l'époque de la guerre de l'indépendance, les courageux palicares entreprirent de protéger les cultivateurs contre les agressions de toutes sortes qui les menaçaient ; ils s'armèrent et prirent le parti de faire les gendarmes par les montagnes. La guerre finie, ces héros en disponibilité avaient perdu toute habitude d'occupation, autre que cette émouvante existence du klephte. Ils continuèrent à protéger les paysans et les moines ; mais, comme il faut vivre, ils faisaient de temps à autre payer rançon aux riches voyageurs. Et cela, quoi qu'en dise M. About, sans cruauté et dans un but essentiellement philanthropique, pour les frais du culte, si je puis m'exprimer ainsi. C'est une sorte de subvention forcée que les gros propriétaires du pays payent tous les ans comme un impôt, et que les étrangers subissent comme une douane.

Beaucoup de ces percepteurs armés ne gardent rien pour eux et donnent tout aux pauvres. Lingo, lui, qui exerce en Morée, demande à chaque voyageur ce qu'il a sur lui, et si le passant n'a pas vingt drachmes, il complète la somme. C'est tout simplement, dans ce cas, une application pratique du socialisme.

Il est probable qu'insensiblement les vieux

palicares auraient été remplacés avec avantage par de vrais gendarmes ; mais on a eu la malencontreuse idée d'en décapiter quelques-uns et cela les a posés en martyrs ; l'enthousiasme s'en est mêlé, ils ont pris des élèves.

Malgré tout, l'institution est en décadence, et si on en parle encore c'est pour flatter le pays et renforcer les impressions des voyageurs.

Voilà pourquoi nous avions derrière nous quatre hommes et un caporal.

Et il n'y avait pas à dire, ces braves gens prenaient leur rôle au sérieux à tel point que nous ne pouvions nous arrêter pour cueillir une fleur, regarder le paysage, faire un calembour... ou autre chose sans avoir à deux pas de nous notre escorte au port d'arme.

Après avoir traversé des bois pittoresques arrosés de cours d'eau, nous nous engageons dans la partie aride de la montagne. De grandes carrières de marbre abandonnées, noircies par le temps, se dressent de toutes parts ; le sentier, à peine indiqué, court parmi les fragments éblouissants de blancheur, noyés dans des détritus micacés qui scintillent comme le diamant.

L'ascension est pénible et dure deux heures. Notre patriarche, *pater Baconia* — c'est son nom — marche en avant sans s'arrêter et court comme un vieux cheval de fiacre. Avec notre prêtre en tête du cortége, nos soldats par derrière, nous avons assez l'air de monter à l'échafaud.

A moitié chemin, nous trouvons une vaste grotte dont une partie est transformée en chapelle peinte. Nos soldats vont dévotement baiser chaque image et multiplient avec rapidité les signes de croix; ils mettent dans ce geste réitéré une action tellement fébrile qu'elle ferait croire à une maladie nerveuse.

Nous décidons le caporal à laisser là trois de ses hommes, comme en un poste d'observation éminemment stratégique. Notre corps d'armée ainsi divisé, nous reprenons notre chemin à travers les blocs roulants.

A mesure que nous montons, l'horizon s'étend, l'Attique se resserre, les chaines de montagnes se dessinent, les côtes s'accentuent et le panorama, d'une teinte fade, occasionnée par la position du soleil et par une vapeur mate qui couvre le paysage, le panorama, dis-je, malgré son absence de couleur, devient singulièrement imposant.

Près du sommet, je trouve les restes d'un

tombeau de l'âge de pierre entouré d'une enceinte ronde formée de pierres brutes et plates posées sur champ; il est orienté au midi. Avis aux archéologues. Ce tombeau est *incontestablement* de la plus haute antiquité... à moins qu'il n'ait été établi récemment par les Turcs, qui dans leur indolence et leur horreur des reproductions artistiques, font à tout moment, et sans s'en douter, des monuments celtiques à l'instar des tumulus de l'époque la plus reculée.

Enfin, après avoir franchi quelques rochers tourmentés et bizarres, nous arrivons au point culminant.

Quelle admirable carte de l'Attique! D'abord Athènes, au sud; on distingue l'Acropole; le Lycabette paraît à peine, ce n'est plus une montagne, c'est un tertre, ou plutôt ce fragment de pierre que Minerve portait dans ses bras pour l'ajouter à l'Acropole et qu'elle laissa choir maladroitement en apprenant qu'on avait découvert le mystère de son fils *in partibus*, Erecthée; quel Dieu n'a eu ses distractions? Dans la mer, à droite, Salamine, à gauche, Egine. Puis en tournant à l'est, le Mont Hymète, précédant une série de montagnes sauvages qui se succèdent jusqu'au cap Sunium. Après, vient un grand

morceau de mer parsemé d'îlots noirs et surmontés à l'horizon de silhouettes grises qui sont
les Cyclades. Derrière nous, le canal d'Egripos
nous sépare de l'Eubée.

Entre le canal et le Pentélique, au pied des
montagnes, nous apercevons une toute petite
plaine, bien cultivée ; la mer la borde d'un golfe
bleu et tranquille ; la plage de sable harmonieu-
sement dessinée lui fait une frange d'argent.
Nous saluons, car c'est la fameuse plaine de
Marathon.

Bien au delà, du même côté, la vue s'étend de
sommets en sommets jusqu'au Mont Œta, couvert de neiges. Enfin, en tournant vers l'ouest,
on devine, dans la brume, Platée, Eleusis et les
montagnes de Corinthe.

Pendant que nous admirons et que nous nous
recueillons, le bon père qui s'était écarté, pousse
un cri et appelle les soldats ; ceux-ci se précipi-
tent en courant, l'épée nue. Nous voilà tout
émus : serait-ce les brigands ?

Nous nous dirigeons avec empressement pour
porter le secours de notre faible bras à ces fils
de héros, et nous voyons les sabres très-occu-
pés à déraciner du pissenlit. Le savant père
avait aperçu de la salade et pensé qu'il n'était

pas indigne du glaive des Athéniens de récolter l'herbe savoureuse.

Enfin, nous pouvons tout de même dire que notre escorte a dégaîné, c'est là, certes, une impression de voyage qui a bien son mérite.

Chemin faisant, en redescendant, Pater Baconia nous apprend qu'il est Français (!) ; qu'il a quitté Toulon (?) à l'âge de huit ans, qu'il a oublié sa langue natale, mais qu'à force de veilles, il a appris le grec et l'italien, qu'enfin, ses études poussées avec vigueur, l'ont rendu digne d'être moine ; il a soixante-quatorze ans, bon pied , — nous en avons la preuve, — bon œil et bonne dent.

A la grotte, nous retrouvons la division militaire que nous avions laissée en montant. Un des soldats me dit qu'il y a dans les rochers, sous la voûte naturelle, une source qui tombant goutte à goutte s'est fait une sorte de bénitier où l'on peut boire. Je m'approche pour me rafraîchir , mais j'aperçois le révérend père qui plonge dans la cuvette son nez crasseux et sa barbe sale... me voilà désaltéré du coup.

Nous déjeunons au couvent et nous employons toutes les ressources des saints moines pour réconforter notre armée, car nous n'avons apporté

de vivres que pour deux. Nous avions seulement
compté sur le vin du couvent; or, on nous sert
d'abord une boisson atroce dans laquelle on a
fait infuser de la résine; nous réclamons,et une
sorte de malvoisie assez délicat nous dédom-
mage de notre premier essai. Il paraît, qu'à la
rigueur, les bons pères savent trouver dans leurs
caves des liqueurs moins austères.

Stop, qui a fait le portrait du révérend Baconia, lui demande d'écrire lui-même son nom au
bas de l'image. Le digne homme hésite, balbutie,
paraît avoir des scrupules. Nous insistons. Notre
cocher , qui est dans un coin, nous fait comprendre, par une pantomime assez gaie, que le
savant père ne sait pas écrire.

Une question délicate se présente : que faut-il
donner à notre garde d'honneur? Nous craignons
d'humilier ces braves en leur offrant de l'argent.
Pourtant , à bout d'imagination, nous risquons
un pourboire qui est accepté sans aucune difficulté.

On nous demande d'emmener à Athènes un
jeune moine qui s'arrache pour quelques heures
à sa vie retirée à cause d'affaires importantes.
Il s'approche tout pimpant, bien peigné, parfu-
mé, vêtu de neuf, tenant d'une main un fort beau

bouquet et de l'autre un petit sac de nuit. Pendant que nous faisons des cérémonies pour le faire asseoir au fond de la voiture, le cocher nous fait comprendre que ces gens-là montent sur le siége. En effet, le révérend grimpe lestement sur le marchepied et s'installe à côté de notre conducteur.

La voiture le laisse devant une petite villa fort coquette, à l'entrée d'Athènes, et il nous quitte sans dire merci ni bonsoir. Allons, amusez-vous bien, mon Père.

Nous passons la soirée dans le jardin du roi. Ce lieu de promenade est bien tenu, assez bien dessiné quoiqu'il y ait peu de vues perspectives. Les plantes de l'Orient et de l'Occident s'y coudoient et s'enchevêtrent; il y a des fleurs partout et sur les grands acacias, sur les cyprès sombres, les roses rouges et blanches s'accrochent, montent, s'élancent et retombent en cascades parfumées.

Mardi 12 mai.

Nous sommes revenus de notre première visite à l'Acropole fortement émus, intéressés, éblouis, mais désorientés au possible, n'ayant pas compris grand'chose à ce chaos splendide.

Comme les jeunes acteurs du théâtre antique, les ruines nous avaient parlé un langage superbe et émouvant, mais la traduction littérale nous manquait.

Ce matin, de bonne heure, je gravis la colline sainte et, avant d'entrer dans la place, décidé à en découvrir tous les secrets, je fais le tour des murs en les examinant avec soin. Ce n'est pas très-commode; il faut aller par des pentes escarpées, s'accrocher aux rochers saillants pour ne pas rouler avec les débris de toutes sortes qui s'écoulent de la vieille enceinte sous forme de torrents de pierres.

L'enseignement que l'on reçoit de cette excursion *extra muros* mérite la fatigue que l'on prend. C'est une leçon parfaite d'archéologie locale. Les fortifications de toutes les époques font défiler sous les yeux leurs différents systèmes de construction. Or, comme chaque fois qu'il a fallu réparer les murs, c'était après quelque siége désastreux, on employait les matériaux les plus rapprochés provenant des ruines mêmes des temples et des monuments de l'Acropole. Aussi, il suffit d'un bout d'inscription, d'un fragment de sculpture pour déterminer l'époque d'édification de chaque partie des murailles.

C'est ainsi qu'on retrouve les murs pélasgiques formés de grosses pierres irrégulières, mais solidement appareillées, les murs de Thémistocle et de Cimon construits en forme pyramidale et dont les assises régulières se reculent d'un demi-pouce à chaque étage. Une partie de ce mur avait été relevée avec tant de hâte après l'incendie de l'Acropole par Xercès que l'on y a fait figurer des tambours de colonnes, des stèles gravées et toutes sortes de débris ; sur la place nord de cette muraille, on a rajusté les restes de l'entablement de l'ancien Parthénon. Le soin qu'on a mis à glisser les métopes de marbre dans les triglyphes de pierre, à faire saillir l'architrave, à niveler la frise, fait admettre facilement l'explication de Pausanias qui veut que ces ruines ainsi placées avec évidence au haut de la citadelle devaient éternellement entretenir la haine des Athéniens contre les barbares.

On trouve aussi des constructions romaines, vénitiennes et turques, mais ces rapiéçages postérieurs sont loin d'avoir la solidité des murs primitifs qu'ils couvrent d'une sorte de lèpre, et peu à peu leurs matériaux se fusent et s'écroulent pour laisser à nu l'antique appareil.

En faisant le tour des murailles, on visite forcément les deux théâtres qui sont adossés au flanc de la colline, du côté sud. L'un d'eux est celui d'Hérode Atticus dont j'ai déjà parlé. L'autre, le plus ancien, est le théâtre de Bacchus. Des fouilles faites depuis peu par des Bavarois ont mis au jour l'orchestre, les gradins inférieurs qui étaient les places d'honneur et le proscenium d'une richesse incomparable. Il y a au-dessous de la scène une suite de bas-reliefs représentant des scènes tragiques ou comiques et, pour rompre la monotonie de ces personnages quart de nature qui se succèdent, on a placé de distance en distance de grands satyres accroupis qui paraissent supporter le proscenium. Cette idée, excessivement heureuse, a pour effet d'animer l'aspect général et de détruire l'ennui que produit une longue ligne horizontale. Les fauteuils de marbre destinés aux personnages marquants portent encore les titres des dignitaires, et sont ornés de délicats reliefs allégoriques ayant trait aux fonctions des archontes, généraux ou prêtres qui devaient les occuper.

C'est sur ce théâtre qu'ont été représentés pour la première fois les chefs-d'œuvre des poëtes grecs ; et l'on peut se figurer Sophocle ou Aristophane assistant aux répétitions de leurs pièces.

La porte de l'Acropole a été déblayée et restaurée aux frais de la France. Ces travaux ont été dirigés avec beaucoup d'intelligence par M. Beulé, qui avait deviné, au milieu des décombres et des constructions insignifiantes, l'existence d'une porte dorique placée entre deux bastions qui ont cela de particulier que la partie inférieure est moins ancienne que la partie supérieure. Il paraît, en effet, que lorsque Valérien fit restaurer cette entrée dans la crainte d'être attaqué par les Goths, l'architecte trouva plus commode d'abaisser le terrain autour que de relever le monument ; aussi, on voit que l'entablement qui le termine ne va qu'à peu près et que la porte est trop bas placée pour conduire autrement que par sept marches raides à l'escalier monumental des Propylées.

Pour avoir une idée de cet escalier gigantesque, qu'on se figure le flanc d'une colline recouvert de marches de marbre blanc sur une lar-
geur de vingt-trois mètres, et un développement
en longueur de près de quarante mètres. Tout
en haut, devant soi, se dresse un vaste vestibule, de ce style élégant et grandiose dont les
Grecs semblent avoir gardé le -ecret. Le plafond
s'est écroulé mais la plupart des colonnes sont
debout, et l'on voit au fond un grand mur percé
de cinq portes inégales, la plus grande étant au
milieu. L'escalier est encadré par de hautes
rampes de marbre au-dessus desquelles se présentent, à gauche, la pinacothèque, d'un style
dorique plus fin que celui des Propylées, et à
droite le délicat petit temple ionique de la Victoire sans ailes. Je ne parle pas de la haute et
disgracieuse *tour des Vénitiens*, qui vous crève
les yeux et qu'on ne voit pas parce que l'esprit
en fait abstraction sans s'en rendre compte,
pour n'admirer que l'ensemble de l'œuvre de
Mnésiclès.

C'est le nom de l'architecte des Propylées. On
connaît Phidias, et puis c'est tout. Il faut pourtant conserver dans sa mémoire les noms de
Mnésiclès, architecte des Propylées, et d'Ictinus,

qui, de concert avec Callicrate, construisit le Parthénon.

Dans l'état actuel, beaucoup de marches manquent; çà et là le rocher est à nu ; ces lacunes ne font pas un mauvais effet et elles permettent de suivre sur le vieux sol de l'Acropole les traces profondes laissées, il y a trois mille ans, par les sacrificateurs et les victimes au pas régulier, dont les pieds avaient peu à peu creusé la pierre à espaces égaux.

A gauche, un bastion turc renferme la grotte de Pan et la fontaine Clepshydre à l'eau saumâtre, dont les premiers chrétiens firent une chapelle souterraine assez laide.

Le temple de la Victoire sans ailes est un petit bijou d'architecture; il avait été entièrement renversé. Il y a peu de temps qu'on l'a réédifié. Tout autour , une frise gracieuse couronne le temple. La moitié de la frise est en terre cuite; c'est un cadeau généreux de messieurs les Anglais qui ont pris les marbres pour leur *museum*.

Dans l'intérieur, on admire plusieurs bas-reliefs représentant des Victoires. Le style, un peu cherché et maniéré de ces compositions, — qui n'en sont pas moins superbes, — indique qu'elles sont postérieures à Périclès. Il est probable qu'elles étaient fixées le long des rampes du grand escalier. Une de ces Victoires attire particulièrement l'attention à cause de sa beauté ; c'est celle qui délie ses sandales ; ses vêtements légers aux plis nombreux et souples retombent négligemment comme si elle allait s'en débarrasser, et, par un procédé de trompe-l'œil qui a été fort imité depuis, son corps affaissé apparaît dans toute sa pureté à travers les plis qui l'entourent. La tête a été brisée. Un jeune midshipman anglais a fait ce coup-là. Le gouvernement grec à jugé à propos de réclamer ; c'a été une grosse affaire : on a entravé le jeune homme dans sa carrière, on a donné des indemnités à la Grèce, etc. Il me semble qu'il est un peu tard pour s'occuper des déprédations anglaises à l'Acropole, et si l'on punit ainsi pour une tête, qu'aurait-on dû faire à lord Elgin qui dépouilla le Parthénon de ses sculptures splendides ?

La Victoire sans ailes, au dire des savants, n'était pas autre chose que Minerve elle-même adorée sous sa forme victorieuse, Minerve-Victoire, disaient les Grecs, en accolant les deux noms pour donner plus de force.

Sous les colonnes des Propylées et dans l'intérieur de la Pinacothèque, on a réuni et arrangé en musée la plupart des fragments intéressants trouvés dans l'Acropole. Malheureusement aucun catalogue, aucune notice ne vient renseigner le visiteur sur la valeur historique ou la provenance de chaque objet.

LA PROVENANCE, c'est la pierre d'achoppement de tous les musées ! Quand donc comprendra-t-on qu'une collection n'apprend rien tant que l'on ne sait pas les circonstances qui ont accompagné chaque découverte ; quand donc les archéologues auront-ils le soin de ne rien exhumer sans faire une sorte de procès-verbal de la trouvaille ? Tel morceau, insignifiant en lui-même, prend une valeur énorme par l'endroit où on le rencontre.

Il faut donc devant ces fragments tout deviner, se faire un classement, une théorie.

Il est facile pourtant de reconnaître quatre époques : 1º l'époque égypto-archaïque ; 2º l'époque archaïque ; 3º l'époque du Parthénon, et 4º l'époque romaine.

Beaucoup de statues ont la raideur des représentations égyptiennes. Quelques plis réguliers ; les bras collés au corps ; des bandelettes ou des tresses dont les unes descendent sur les pectoraux, tandis que le reste est réuni derrière les oreilles, en forme de *clapht* des sphinx ; tels sont les caractères principaux de la première époque. Les types ont cet œil étonné, ce nez légèrement relevé et pointu, cette bouche bienveillante que l'on trouve dans le groupe en terre du musée Napoléon III et mieux dans la remarquable Vénus paphienne que M. Martin-Daussigny a su découvrir dans les combles du Musée de Lyon. On dit parfois et très-ridiculement que ces statues sont *étrusques ;* le mot a pris ; il a cours parmi les antiquaires et il faudra du temps avant qu'on y renonce.

L'époque archaïque est plus difficile à définir, car il s'agit d'un style de transition. Comme spécimen complet, on pourrait citer le guerrier de Marathon du temple de Thésée, et une fort curieuse statue en terre cachée derrière une porte du Bas-Belvédère, à Vienne en Autriche.

Quant aux monuments du temps de Cimon et de Phidias, ils n'ont pas plus besoin d'être décrits que les monuments plus lourds, plus énergiques, plus maniérés de l'époque romaine.

Beaucoup d'ornements étaient peints, surtout dans les parties élevées des temples, et, dans ces échantillons de polychromie, on retrouve encore les quatre époques que je signale : 1° un trait profond retenant la couleur à la manière des hyéroglyphes ; 2° la couleur appliquée à l'encaustique couvrant tout l'intérieur du dessin tracé ; 3° les ornements sculptés, puis peints, se détachant en relief sur les fonds unis ; 4° au temps des Romains, la sculpture sans peinture.

Lorsqu'on a franchi la grande porte médiane des Propylées, on se trouve sur le plateau de l'Acropole, vaste terrain ellyptique dont le sol monte jusqu'au centre de l'ellypse, où se trouvent à droite le Parthénon, à gauche l'Erechtéion.

Chaque voyageur a décrit l'impression immense produite par ces deux temples ruinés, je ne veux donc pas revenir sur des sensations déjà banales ; je dois pourtant le déclarer : ce qu'on en a dit de plus fort et de plus invraisemblable m'a semblé parfaitement juste, et ces sentiments d'extase qui paraissent exagérés, je les ai éprouvés.

L'espace compris entre les Propylées et le Parthénon était garni de statues et d'autels votifs. Quelques socles restent encore debout, la plupart ont servi à plusieurs statues successivement ; les inscriptions qui en font foi se trou-

vent ordinairement sur différentes faces ; à chaque changement, on faisait simplement tourner
le monolythe sur lui-même et la nouvelle lé-
gende venait prendre place du côté des specta-
teurs. C'est ainsi que certains piédestaux, après
avoir porté des dieux grecs ou des héros pélasgiques, servirent de support à des personnages
romains d'autant plus honorés qu'ils étaient plus
obscurs.

Il y avait sur la droite deux petits temples,
l'un dédié à Minerve-Ergané, patronne des tra-
vailleurs, l'autre à Diane Brauronia.

On se demande ce que Diane venait faire par
là, et, si l'on admet cette déesse au point de vue
romain comme présidant uniquement à la chasse,
on aura de la peine à comprendre. Mais si l'on
considère que la Diane des Grecs s'appelait Bu-
bastis, qu'ils avaient pris son culte de Pepacht
l'Egyptienne, symbole de la force qui crée et
dissout, — nous dirions la nature, — et si l'on
réfléchit que, dans la trinité memphitique, Pepacht ou Pacht unie à Phtah, la sagesse divine,
produit Imouthes, la plus grande expression
des connaissances humaines, on saisira plus facilement les rapports que les premiers Athéniens
issus d'Egyptiens, pouvaient trouver entre Neith,

leur Pallas, la sagesse divine, et Pepacht, la force créatrice et dissolvante qui, dans les temps postérieurs, devint prosaïquement la patronne des chasseurs.

Et c'est ainsi que la plupart des dieux de la Grèce après avoir été en Egypte des symboles et des mythes d'une philosophie excessivement relevée et transcendante, devinrent de simples préposés à telle ou telle fonction de la nature, et, plus souvent, à telle ou telle action des hommes.

Le Parthénon est très-ruiné. Les colonnes du centre sont renversées ; les chrétiens, pour en faire une église, les Turcs, pour en faire une mosquée, ont tour à tour détruit l'ordonnance intérieure, mais tel que le voilà, incompréhensible, étrange, incomplet, avec ses tons jaunes, ses taches noires et ses blessures blanches, il est superbe.

Le Parthénon tourne le dos à l'entrée de l'Acropole, c'est-à-dire que la façade que l'on voit en sortant des Propylées est la façade postérieure, et que l'entrée de la Cella, où était la statue de Minerve, était tournée à l'orient, de l'autre côté de la plate-forme.

Le même fait avait lieu pour l'Erecthéion.

Sans approfondir les raisons qui avaient déterminé les architectes à en agir ainsi, on ne peut méconnaître que cette disposition était bien faite pour impressionner les fidèles venant rendre leurs hommages à la déesse. Après avoir gravi le grand escalier des Propylées, après avoir franchi ce grandiose vestibule, après avoir traversé ce peuple de dieux et de héros qui remplissent l'espace compris entre le grand temple et l'entrée du plateau, il fallait encore longer tout le Parthénon, admirer les chefs-d'œuvre qui encombraient ses portiques, et tournant enfin autour des statues de Jupiter et de Neptune, qui ornaient la façade principale, on apercevait entre les colonnes, au fond de la Cella, la Vierge d'or et d'ivoire resplendissant dans l'ombre. Que de préludes, de marches et de préliminaires avant d'arriver au but, et comme ces détails accessoires devaient émouvoir le croyant !

Une particularité du Parthénon et de tous les monuments du même siècle, c'est qu'il n'y a ni lignes verticales ni lignes horizontales. Les colonnes et les murs s'inclinent légèrement les uns vers les autres dirigeant leurs axes dans le sens d'un point unique et imaginaire placé dans le ciel, tandis que les lignes horizontales sont convexes et décrivent un cercle insensible dont le centre serait au fond de la terre. Si on ajoute à cela le renflement imperceptible des colonnes, on comprendra qu'un monument grec de la belle époque est un composé de lignes harmonieuses qui se coupent sans se heurter, s'accompagnent et se soutiennent pour donner à la fois de la grâce et de la force.

Ce principe est tellement nouveau pour nous et si peu appréciable au premier coup d'œil, que, lorsque, en 1837, M. Pennethorne s'en aperçut il n'y crut pas et l'attribua à des tremblements de terre. Il a fallu les travaux de MM. Hofer et Schaubert, les publications de MM. Paccard et Burnouf, et enfin les calculs exacts de M. Penrose pour convaincre les plus incrédules et établir le système des déviations.

Pourtant l'on connaît depuis longtemps les inclinaisons des colonnes. On se souvient de Verres qui, ne sachant que faire dans un pays, imagina de rendre perpendiculaires les colonnes d'un édifice; à cela, rien d'étonnant, il aimait à faire mal; mais quelques-uns de nos architectes modernes qui n'ont pas la même excuse que Verres devraient ne pas l'imiter et suivre de préférence les préceptes d'Ictinus.

Il est curieux de voir comme on appliqua ce principe aux caryatides de l'Erechthéion. Six jeunes filles de marbre blanc supportent le couvercle d'une tribune. Celles de droite plient la jambe gauche, celles de gauche portent en avant la jambe droite, et ces mouvements contraires penchent tous les corps vers le centre, de sorte qu'au moyen d'une pose gracieuse habilement combinée, on a obtenu l'inclinaison demandée par les savants constructeurs des temples grecs.

Le Parthénon se composait de deux parties distinctes, le sanctuaire et le trésor. Le sanctuaire était ouvert du côté de l'orient, le trésor avait son entrée du côté opposé. Le fronton de chaque façade avait été orné de scènes mythologiques dont les débris nous émerveillent encore. On raconte que l'un des frontons est l'ouvrage de Phidias et l'autre celui de son émule Alcamène ; que les Grecs voyant les sculptures prêtes à être placées proclamèrent la supériorité d'Alcamène, mais que lorsque chaque groupe fut élevé et vu à la distance pour laquelle ils avaient été faits, ce fut Phidias qu'on acclama. Cette simple tradition suffit pour faire reconnaître parmi les nombreux chefs-d'œuvre qui décorent ou ont décoré le Parthénon ceux qui pourraient

être signés de Phidias ; il y a certains personnages qui sont traités avec une énergie qui n'ex-
clut pas le charme, mais qui fait voir un parti
pris de produire l'impression même de loin ; je
crois que l'on peut sans hésiter les déclarer de
Phidias ou de ses élèves surveillés et aidés. Il
se trouve justement que ce sont les compositions
les plus importantes par le sujet ou par la position dans le temple qui ont ce caractère où se
trahit le génie.

La plupart des métopes et les principaux
morceaux de la frise sont à Londres. On a réuni
dans l'intérieur quelques marbres qui ne peuvent se décrire. Il faut les voir et admirer.
D'autres sont en place au haut du temple, et,
pour les regarder, on est obligé de grimper par
l'escalier effondré de l'ancien minaret ; alors,
s'accrochant aux corniches, se glissant le long
des architraves, on parvient à voir — très-mal
— quelque chose.

Constatons en passant combien il est heureux
pour nous de pouvoir considérer de près de pa-
reils produits de l'art, tandis que ceux-là mêmes
qui les avaient fait établir ne pouvaient en jouir
qu'en montant sur une échelle de dix mètres de
haut.

Il y a à côté du Parthénon une sorte de cave où l'on a entassé tous les ossements trouvés dans les fouilles de l'Acropole. Je n'ai pu m'empêcher de me rappeler que sur ce rocher étaient les tombeaux d'Erechthée, de Cécrops et d'autres personnages presque légendaires ; il y a donc quarante à parier contre un que dans cet amas se trouvent les précieuses reliques des vieux Athéniens.

L'espace compris entre les temples et le côté oriental des murailles était à peu près vide; il servait au développement des superbes processions du Parthénon. Contre le mur du sud seulement on avait dressé d'immenses groupes mouvementés, dont les silhouettes, vues de la ville, se détachaient sur le ciel bleu de l'Attique.

L'Erechthéion est un tour de force d'architecture. Il s'agissait avant tout d'établir un sanctuaire pour Minerve Poliade , — vieille statue que Cécrops avait apportée d'Egypte avec un dieu Toth, que les Grecs ont tout de suite appelé Mercure ; — ils n'étaient pas plus embarrassés que cela. — Il fallait donc réunir dans un même monument un sanctuaire pour Minerve, un autre pour Aglaure, un autel pour Jupiter, un autre pour Erechthée, abriter le tombeau de

Cécrops, recouvrir le coup de trident frappé par Neptune sur le rocher, enceindre l'olivier sacré, etc. Le sol était irrégulier, haut et bas, rétréci et contourné.

On est parvenu à faire un monument d'un style ionique charmant, parfaitement équilibré dans ses proportions malgré son manque de symétrie. Le grandiose et le gracieux s'y coudoient et je ne crois pas qu'on fasse jamais mieux.

Voilà donc en détail ce que l'on voit d'intéressant sur l'Acropole, mais il faudrait y passer des mois entiers.

Tous ces chefs-d'œuvre ont été détruits bêtement. Or, voici en peu de mots leur histoire.

Au moyen-âge, les Propylées servent de demeure aux ducs d'Athènes, plus tard à l'aga turc qui y amasse de la poudre pour une fête et fait sauter le monument par imprudence (1656).

Le Parthénon devient église de Saint-Joseph, puis mosquée. Les Turcs y amassent de la poudre pendant un siége ; une bombe vénitienne y met le feu et éventre le monument (1687).

Pour se fortifier, la même année, les Turcs rasent le temple de la Victoire.

Pendant la guerre de l'indépendance, les canons turcs détruisent l'Erechthéion, qui avait été successivement une église dédiée à la mère de Dieu et un sérail.

Ajoutez à ces incuries sans nom la froide dévastation de lord Elgin, et vous aurez la triste histoire des plus beaux monuments du monde.

En retournant à l'hôtel, je vois dans les rues plusieurs bergers qui portent sur leurs épaules de jolis petits moutons vivants. Ils tâchent de rassembler autour d'eux assez d'amateurs pour pouvoir débiter leur pauvre bête, puis, quand ils pensent avoir une clientèle suffisante, ils entrent dans la première cour venue, coupent la tête au mouton, l'écorchent et le partagent entre les chalands. C'est évidemment un moyen d'avoir de la viande fraîche, et nous qui rêvons la liberté de la boucherie, nous n'avons pas encore imaginé ce système.

Il est à remarquer que les femmes ne vont pas au marché, ce sont les hommes qui se chargent de ce soin ; or, comme il n'y a que les gens *à leur aise* qui mangent de la viande, on ne voit que des messieurs très-bien mis se réunir pour faire tuer une bête. Chacun d'eux, bien cravaté, frisé et brossé, emporte son morceau de gigot avec ostentation, car ici cela pose singulièrement un particulier que de revenir du marché des côtelettes à la main.

C'est demain le 1ᵉʳ mai des Grecs, la fête du printemps par excellence, ceci explique cette hécatombe de moutons qui se fait par les rues. Il est d'usage, en effet, à cette occasion, de se réunir en gais pique-niques à la campagne. Aussi on ne voit que gens endimanchés, qui vont d'un air affairé et joyeux portant au bout des doigts des poissons frais et l'inévitable morceau de mouton.

Des chasseurs au filet exposent et vendent sur le trottoir d'énormes corbeilles remplies de charmantes tourterelles grises à tête bleue et à queue jaune; un réseau de corde couvre les corbeilles et empêche les jolis oiseaux de s'échapper.

Des marchands de fleurs arrivent en foule portant à deux des couronnes enfilées à un long bâton ou bien d'énormes branches d'arbres dont ils ont remplacé le feuillage par de beaux bouquets faits avec art.

Les Athéniens me paraissent décidés à s'amuser énormément.

Que ferons-nous cette après-midi ? La question se pose sans se résoudre. A tout hasard, nous voilà partis, et, — je ne sais comment expliquer cette attraction des ruines, — nos pas nous portent tout naturellement, instinctivement à l'Acropole.

Ces restes, mieux étudiés, nous frappent encore davantage. Les pensées naissent à leur aspect, les souvenirs attirent les comparaisons, les raisonnements suivent les théories, les certitudes appellent les hypothèses ; ce que l'on sait fait désirer davantage, on cherche à expliquer, à deviner, à voir clair enfin dans les causes qui ont produit ces grandes œuvres.

Il est curieux de constater combien étaient variées les attributions de Minerve à l'Acropole. Pour ne parler que des titres et des fonctions qui lui sont attribuées par les monuments, nous trouvons :

Minerve-Pallas,	la reine des combats.
Minerve-Victoire.	
Minerve-Poliade,	protectrice de la ville.
Minerve-Promachos,	gardienne de l'Acropole.
Minerve-Ergané,	patronne des travailleurs
Minerve-Parthénienne,	vierge pure.

Minerve-Hippia,   déesse des cochers (pardon ! *des sportsmens*).

Minerve-Hygiée,   bien portante et raisonnable.

Minerve à l'olivier,   directrice de l'agriculture

Minerve-Sophia,   la sagesse divine.

Et bien d'autres encore !

Ainsi, les Grecs avaient fait pour leur vierge de superbes litanies dont chaque verset était souligné par un chef-d'œuvre, par un splendide *Ora pro nobis* de marbre pentélique.

Quand on voit les Athéniens donner à leur divinité toutes les fonctions de la Providence, quand on les voit réunir sur un seul être idéal la science, la sagesse, la valeur, la chasteté, tant de vertus et tant de génie, on ne peut leur refuser une tendance au monothéisme.

Monothéisme étroit et exclusif, il est vrai. Si les Athéniens prennent une déesse *pour tout faire*, c'est à la condition qu'elle leur sera uniquement dévouée. Ce petit peuple aura *sa* Vierge, mais la Vierge aura *son* peuple. Les anciens habitants d'Athènes ont raisonné comme les Hébreux le faisaient souvent ; ces derniers se disaient le *peuple de Dieu*, qui était par conséquent leur divinité exclusive, le Dieu d'Abraham, mais pas des autres.

Comme contre-poids à ce penchant vers l'unité divine, beaucoup de Grecs avaient des prédilections pour telle ou telle Minerve ; les uns préféraient Pallas-Tritonide à Pallas-Ergané ; d'autres allaient jusqu'à Corinthe ou à Sunium pour obtenir les faveurs de Minerve-Chalinitis ou de Minerve-Suniate. Et quand on leur demandait pourquoi ces préférences et ces pénibles pèlerinages, ils répondaient que, puisque la déesse faisait de nombreux miracles dans certains sanctuaires, c'est qu'elle demandait à y être adorée plus spécialement. Absolument comme ceux qui préfèrent la Salette à Fourvière.

Tout cela n'excluait pas, bien entendu, les dévotions aux autres dieux de l'Olympe.

Il est même curieux de rechercher comment tous ces mythes ont pris naissance, d'où ils viennent, ce qu'ils représentent, comment ils se sont transformés avec les âges, et surtout comment les comprenaient leurs différents adorateurs.

Je m'empresse d'ajouter que ce travail n'est pas facile. Beaucoup l'ont tenté, et chacun, à force de vouloir trop prouver, dans le but de faire triompher un système qui expliquât tout, chacun, dis-je, s'est noyé dans sa propre théorie.

Les uns ont dit : la mythologie grecque n'est qu'un composé de légendes issues de l'imagination des peuples, ce sont des contes divinisés.

D'autres n'ont vu là que des faits historiques rendus surnaturels, soit qu'un héros devienne dieu, soit que les noms de dieux représentant leur ville préférée, il faille entendre par la lutte d'un dieu contre un autre le fait historique d'un combat entre deux peuples. C'est à volonté l'histoire qui devient mythe ou le mythe qui devient histoire.

De plus sensés, s'autorisant du système égyptien, n'ont admis dans les divinités que des allégories morales ou métaphysiques, ou philosophiques, ou astronomiques, mais, en somme, une invention raisonnée, dont les prêtres avaient la clef et que le peuple admirait sans comprendre.

Il y a aussi la théorie du fétichisme. Les dieux ne seraient que des idoles ou des amulettes selon la dimension. Adieu l'allégorie, bonsoir l'idée morale ! c'est un morceau de n'importe quoi qui dirige les destinées humaines. Il est à remarquer que de même que les peuples anciens se sont tous réciproquement traités de *barbares*, ils se sont tous, avec non moins d'unanimité, taxés les uns les autres d'*idolâtres*. Chacun d'eux, — sans examiner quelles différences ou quels rapports pouvaient exister entre son culte et celui de la nation voisine, — a voulu être le seul à bien comprendre l'usage des images et des objets bénis. Or, si nous voulons saisir par suite de quelle aberration un fait aussi étrange a pu se produire, il n'y a qu'à voir comment de nos jours les chrétiens traitent les musulmans, comment les musulmans dénigrent les juifs, comment ceux-ci en accusent d'autres, comment, enfin , on juge la religion d'autrui en l'an de grâce 1868.

Un système d'exégèse de la religion grecque auquel on n'a pas pris assez garde, c'est ce que je pourrais appeler les *dogmes poétiques* et *artistiques*. Les sculpteurs en donnant des formes aux idées, les poètes en animant la nature ont évidemment à revendiquer l'invention de plus d'une divinité païenne.

En somme , toutes ces explications ont du vrai ; il ne s'agit que d'adapter à chaque croyance le système qui lui convient le mieux.

La péninsule Hellénique et les îles de l'Archipel étaient admirablement placées pour recevoir toutes les idées civilisatrices, morales et religieuses de la rêveuse Europe, de l'Asie contemplative et de la savante et mystique Egypte. Aussi la Grèce a tout pris, bon ou mauvais, ne contrôlant rien, admettant les choses les plus contradictoires, mais donnant à chaque adoption le cachet de son génie spécial.

C'est ainsi que certains dogmes relevés des prêtres de Thèbes furent acceptés, mais déformés par l'esprit net des Grecs. Les incarnations d'Ammon ne sont plus que des métamorphoses, de bonnes farces jouées par le maître des dieux. L'immortalité de l'âme est une seconde vie purement matérielle. La révélation ne se trouve pas dans les évangiles de Toth, ni même dans les œuvres d'Homère ou d'Hésiode ; les Grecs n'ont pas de livres saints ; ils les remplacent par les oracles ambigus d'Apollon. L'idée d'une trinité formant un seul Dieu révolte leur sens pratique, mais sans s'en douter, ils donnent à Jupiter une masse de collaborateurs.

Lorsque le culte de Neith passa à Athènes, la déesse fut, certes, fort bien reçue par ses nouveaux protégés, mais ils ne purent comprendre, comme le faisaient les Saïtes, que cette Vierge fût mère d'Erecthée. Aussi, il est curieux de voir le mal qu'ils se donnèrent pour accommoder cette croyance avec leur jugement. Apollodore raconte la chose tout au long. Il explique comment Vulcain (Phtah) devint épris de Minerve, ce qui s'en suivit et comment cette chaste déesse put nourrir un fils qu'elle n'avait pas fait et qui était pourtant le fruit de son commerce avec Vulcain.

A tout prendre, les anciens Grecs étaient fort superstitieux et ne redoutaient, en fait de religion, qu'une chose : l'impiété. A part cela, très-tolérants pourvu qu'on adorât quelque dieu.

Le soir, nous faisons un tour de promenade au jardin du roi, à travers les vergers d'orangers, les taillis de lauriers roses, les bouquets de daphnées, les broussailles de rosiers, les pelouses de portulaca, sorte de tulipe violette, les champs de verveines et les tonnelles de clématites.

L'heure de la fermeture arrive, et nous abusons de notre qualité de Français pour déclarer que nous ne comprenons pas ce que nous veulent les gardiens, si bien qu'ils finissent par penser que, puisque nous ne voulons pas nous en aller, c'est que nous en avons le droit, et, avec force salutations, on nous laisse admirer les ioukas monstrueux s'élançant des parterres, les aloës tourmentés comme des pieuvres, les palmiers, les jasmins jaunes et odorants et les échappées de vue sur la mer, l'Acropole ou le temple de Jupiter.

Pourtant l'obscurité nous chasse et nous allons nous promener à l'aventure du côté de la lanterne de Diogène. On appelle ainsi un petit édicule assez gracieux qui n'est pas une lanterne et qui n'a aucun rapport avec ce philosophe.

Arrivés rue des Trépieds, nous ne savons trop où aller, et nous demandons notre chemin à deux jeunes filles fort belles installées devant la porte de leur maison. Elles ont des airs assez délurés et nous essayons de lier conversation ; mais nous voyons un peu tard que notre entretien ne convient pas à ces dames qui nous ferment la porte au nez. Aussi, ça nous apprendra à aller respirer par un beau soir de mai les parfums enivrants des jardins royaux.

Le chemin fantaisiste que nous suivons nous amène devant la maison de Solon, où nous entrons. — Quoi, Solon ?— Oui, Solon.

Les prêtres égyptiens lui ont dit : « Solon,
« Solon, vous autres Grecs, vous n'êtes que des
« enfants ! » Alors, il a compris qu'il devait
prendre les Athéniens par la douceur et il s'est
fait confiseur ; les enfants aiment les bonbons.
Voilà comment Solon en est arrivé à faire d'excellentes glaces, que nous avalons avec délice.

Je crois que décidément on fête consciencieu-
sement le 1er mai. Les jeunes Athéniens marchent par groupes, se lutinent, rient, crient,
s'embrassent ; leurs têtes sont chargées d'énormes couronnes. Quelques-uns, aveuglés par les
fleurs, font les facétieux et arrêtent les passants
en demandant l'aumône pour un pauvre aveugle.
Est-ce assez attique ?

Mercredi 13 mai.

Nous allons visiter des fouilles faites depuis peu sur l'ancien chemin du Pirée. On a trouvé, en déblayant, un de ces cimetières que les Grecs (et les Romains à leur imitation) plaçaient à l'entrée des villes, sur les voies publiques, comme pour montrer aux étrangers les vertus des citoyens morts après avoir été utiles aux pays.

C'est une rangée de cypes funéraires dont quelques-uns sont fort beaux. Les inscriptions sont très-simples ; quelquefois un nom, et c'est tout. C'est là que se trouve le bas-relief représentant le *guerrier de Corinthe* à cheval et terrassant un ennemi, monument déjà célèbre quoique récemment exhumé.

Cette voie sacrée produirait une impression encore plus vive si quelques restaurations étaient entreprises ; il y a, entre autres, un taureau en marbre de grandeur naturelle, dont le mouvement est superbe ; il gît piteusement sur le flanc !

Nous nous rendons au temple de Thésée en passant par les charmants jardins qu'on a plantés autour. Stop avait contracté une dette de reconnaissance avec le gardien du musée. Ce vieux palicare avait avec beaucoup d'entrain et de complaisance fait poser devant mon ami toute sa famille en costume du pays. Mon compagnon n'avait pas osé donner une étrenne à un homme avec lequel il était devenu presque intime, et il avait imaginé de faire à l'aquarelle le portrait du brave gardien et de le lui offrir, pensant que le goût prononcé pour les arts que ce vieux héros témoignait en toute occasion lui ferait apprécier ce délicat pourboire.

Hélas ! nous voyons bien à la mine que fait notre homme que le moindre ducaton ferait bien mieux son affaire.

Le temple de Thésée a, comme tous les monuments de l'Acropole, les lignes courbes et déviées. Il a été construit sous l'administration de Cimon, envers lequel on me semble un peu ingrat. Il est en effet d'usage d'attribuer à Périclès tout ce qui est vraiment grand et artistique à Athènes, et ce dernier n'a fait que suivre l'impulsion donnée par son prédécesseur Cimon.

qui avait fait construire les longs murs, le Pœcile, le Theseïon, le Gymnase, les jardins de l'Académie, le temple de la Victoire sans ailes, etc., etc. Et quand l'argent manquait il donnait du sien. Tandis que Périclès épuisa, au profit des ouvriers athéniens, le trésor de la Grèce entière.

Depuis quelques jours j'ai vu beaucoup de temples, de statues, de figurines, et le désir bien naturel de mettre au net mes impressions et de tirer au clair la mythologie athénienne s'empare de moi.

Je m'adresse dans ce but aux membres de l'Ecole française. Ces Messieurs, avec beaucoup de complaisance, m'expliquent que, pour arriver à voir juste dans ce dédale, il faut lire une vingtaine d'ouvrages en douze gros volumes, et qu'après ce lourd travail je toucherai cette conclusion : c'est la boîte à l'encre.

Nous nous sommes fait, grâce à Homère, Ovide et aux poètes du XVIIIe siècle qui ont chanté les *dons de Flore*, les *gardiens de Cythère* et les *foudres du maître des dieux*... nous nous sommes fait une idée très-nette du paganisme des Grecs. Cette idée si compréhensible n'a qu'un défaut, c'est qu'elle est complètement fausse.

Le même dieu adoré dans une ville changeait complètement d'attributions dans un autre pays. La Minerve de Sunium n'était pas la même que celle d'Athènes. A l'Acropole même, comme nous l'avons vu, Pallas était vénérée sous différentes formes. Il est donc probable que les Grecs ne demandaient qu'une chose à leurs croyances, c'était d'être des *croyances* ; un côté mystérieux et inexplicable les rendait d'autant plus attachantes ; *credo quia absurdum*. La foi hellénique d'ailleurs était élastique ; les Grecs pouvaient croire en même temps à beaucoup de mythes, même contraires ; ils avaient une douzaine de noms de divinités, qu'ils appliquaient à des dieux de tous pays et de toutes provenances ; le même vocable servait souvent à des symbolismes tout à fait dissemblables et l'on comprend qu'Hérodote parcourant l'Egypte ait écrit sans hésiter : « Ici on adore Vénus, là Vulcain, etc., » alors même que Arthor, Phtah, etc., n'avaient aucun rapport avec Vénus et Vulcain.

Pourtant, comme j'insiste, on me mène au

βαρβακειον, dont le conservateur, M. Comanoudis, est un archéologue éminent

Le βαρβακειον est un collége. Stop prétend que le nom vient du lycée Sainte-Barbe. Quelques salles sont occupées par des objets antiques fort intéressants. On y voit des vases de Corinthe à fond jaune et dessin noir, des vases de Macédoine à fond noir et dessins rouges, des vases de Crète à fond noir et dessins pâles et les beaux vases d'Athènes, très-rares, à fond blanc, traits noirs rehaussés de rouge.

On a réuni les bustes de tous les professeurs de l'antique Athènes; c'est là une Collection fort intéressante sur laquelle M. Dumont a fait un beau travail. Enfin une masse de petites figurines sont entassées sous les vitrines.

A tout prendre, malgré les quelques statues enfouies dans le sombre temple de Thésée, malgré les fragments épars du Parthénon, malgé le Barbakeion, il n'y a pas de musée à Athènes ; le touriste, l'artiste, le savant même passent à côté de monuments intéressants au possible sans en comprendre l'importance et, le plus souvent, on ne sait même pas trouver ce qu'il faudrait voir.

Sous ce rapport, M. Comanoudis nous est

d'un grand secours. Ce consciencieux chercheur me paraît jouer avec les savants actuels le rôle que Socrate avait pris avec les sophistes de son temps ; sans paraître avoir de système à lui, il aime à démontrer que les systèmes des autres ne sont pas justes et que la vraie science consiste à savoir douter.

Ce n'est pas tout à fait ce que j'aurais voulu apprendre, aussi j'accumule questions sur questions et j'obtiens à grand'peine des explications plus ingénieuses que probables et qui se terminent presque toujours par cette phrase : « Je vous dis cela pour vous montrer combien cette hypothèse est absurde. »

Eh bien, me voilà bien avancé.

Nous revenons donc du Barbakeion forts de notre ignorance.

En retournant à l'hôtel, nous nous permettons une remarque qui n'a rien d'hypothétique : c'est que le soleil est fort chaud et que les rues largement percées de l'Athènes moderne manquent d'ombrage.

La nouvelle ville est en effet très-aérée ; les maisons sont espacées, les monuments sont disséminés jusque dans la campagne. Le Barbakcïon est aux champs, le théâtre dans les vignes, et le futur museum fera de la villégiature sur la route de Patitia.

Voilà, certes, qui donne tout de suite à une ville un air de capitale, mais, malgré les jardins charmants qui ornent chaque habitation, il y a à Athènes trop de poussière et pas assez d'arbres.

Avant de quitter cette ville qui nous a si fort impressionnés, nous voulons faire un tour du côté du Céphise où se célèbre depuis hier la fête du printemps. C'est sur ces bords fertiles, au milieu des jardins en fleurs que les Athéniens vont comme ils disent *prendre le mai*.

Nous devons partir le soir même du Pirée; nous faisons donc placer nos bagages sur une voiture et nous nous dirigeons vers le port en faisant un énorme contour pour avoir notre part de la fête.

A mesure que nous approchons du fleuve, nous voyons les chemins remplis de groupes en gaîté. Il y a beaucoup de femmes, quelques-unes jolies. Il paraît qu'il faut venir là pour les voir, car dans la ville elles sont tout à fait recluses. Ici, elles sont en grands atours et ont mis pour s'em-

bellir la lourde calotte grecque, rouge, à glands
d'or.

Nous arrivons au Céphise. Sous les ombrages
sont dressées des tables ; de tous côtés on entend de la musique à l'antique: galoubets criards,
tambourins assourdissants, rhythmes bizarres,
tonalités étranges ; et, devant chaque petit orchestre, des jeunes hommes dansant en se tenant par la main. Les femmes regardent, les
popes aussi.

Nous trouvons là presque tous nos amis des
carrefours, même des soldats du *détachement*
que nous avons *commandé* au Pentélique. Tous,
nous reconnaissent et nous font une joyeuse
ovation. On nous installe à une table bien en
face des danseurs et Stop dessine les groupes,à
la grande satisfaction d'un chacun. Quand il fait
une observation pour faire tenir un bras plus
haut ou une jambe moins raide, tout le chœur
répète l'observation comme dans les comédies
d'Aristophane. Ceux-là même qui ne nous ont
jamais vus, mais qui apprennent par les autres
que nous aimons la gaîté et la cordialité, viennent nous offrir des fleurs, des sourires et des
poignées de main. Pour un rien, ils nous em-
brasseraient.

Je crois décidément qu'il est temps de quitter ce pays ; le gouvernement pourrait prendre de l'ombrage.

Nous partons donc au milieu des souhaits de tous. Le Céphise lui-même, qui n'avait pas une goutte d'eau à notre arrivée, se met à rouler des ondes sales. Quel est donc ce mystère ?

J'ai su depuis que les eaux retenues pendant le jour pour irriguer les jardins étaient rendues le soir au lit tortueux du Céphise. De là le débordement d'enthousiasme de cet excellent fleuve dont les attentions nous ont si fort touchés.

Notre frêle calèche, lourdement chargée de grosses malles, a grand'peine à se tirer d'affaire à travers les affreux chemins de traverse que nous suivons ; mais à part la crainte continuelle de verser, nous sommes enchantés de cet itinéraire au milieu des blés et des bois d'oliviers.

A un moment nous traversons la route de Mégare et le cocher s'engage de nouveau dans les chemins d'aventures. Mais une patrouille postée sur la route ne l'entend pas ainsi. Le caporal lui intime l'ordre de retourner à Athènes entre deux haies de soldats ; il lui déclare que la campagne est pleine de brigands et qu'il ne peut pas nous laisser aller ainsi entre les mains des bandits.

Nous savions bien que des volontaires grecs lassés de guerroyer en Crète étaient venus s'abattre sur la Morée, rançonnant par-ci par-là au nom de la sainte cause qu'ils avaient eu l'intention de défendre, mais nous ne pensions pas que l'Attique elle-même fût infestée.

Nous persistons pourtant à suivre la ligne directe à travers champs, au risque d'être arrêtés et notre ton décidé en impose assez à la force armée pour qu'on nous livre passage.

Je crois bien, entre nous, que nous ne courons pas grand danger. Nous sommes en Grèce au moment des élections et les brigands jouent toujours un certain rôle dans ces circonstances-là, soit qu'ils interviennent, anges gardiens politiques, pour sauvegarder la liberté du scrutin, soit que payant patente à certains ministres ou payés par eux, ils profitent de l'occasion pour exercer plus tranquillement leur commerce ou pour mettre leurs petits talents au service de la diplomatie.

On le voit, il était urgent dans un moment aussi grave de faire opérer un débarquement de libéraux armés sur les côtes du Péloponèse.

Quant à nous, nous ne voyons, cachés derrière les grands arbres, que des couples amoureux qui ne se préoccupent guère de nous et des chœurs de jeunes palicares qui se promènent la main dans la main pour prendre le mai à la fraîcheur du crépuscule.

Au Pirée, on nous apprend que le bateau français n'est pas encore arrivé.

Après avoir fait une visite au consul M. Rinn, nous essayons de dormir en attendant le paquebot. Notre sommeil préoccupé est interrompu à chaque instant par le bourdonnement énervant des moustiques et par leurs piqûres acérées, si bien que nous passons une nuit affreuse, l'œil ouvert, l'oreille tendue et la main prête au combat.

Jeudi 14 mai.

A sept heures du matin : Alerte !

Voilà le bateau. Vite une tasse de café, et en route pour le port.

Non. On s'est trompé, c'est un navire grec.

M. Rinn vient nous prendre et nous visitons ensemble les trois ports du Pirée : la baie de Phalère, le port de Munychie où l'on voit encore les couloirs qui servaient aux anciens Grecs à retirer leur flotte de la mer, et le Pirée proprement dit.

Nous montons sur le mamelon où l'on a placé la vigie qui signale les navires arrivants. Je recueille sur le mât cinq noms qui n'ont d'autre mérite que de donner à mon récit un parfum d'atticisme.

ΜΑΡΓΑΡΩ, ΜΑΡΙΓΩ, ΣΤΑΜΑΤΙΝΑ, ΣΩΚΡΑΤΗΣ, ΑΝΑΡΓΥΡΟΣ.

Trois femmes et deux hommes dont l'un s'appelle *Sans-Argent* et l'autre comme un philosophe.

De cette élévation on aperçoit l'endroit où fut le tombeau de Thémistocle, ainsi que les ruines du temple sur lequel Xercès fit placer un trône d'argent afin d'assister à la bataille de Salamine.

Le bateau arrive enfin à une heure et quitte le port à quatré heures.

Il longe les côtes de l'Attique, et avant que la nuit n'arrive nous pouvons distinguer les quinze colonnes, derniers vestiges du temple de Neptune et Minerve au cap Sunium. Tantôt elles se détachent en noir sur le ciel blanc, tantôt elles ressortent en blanc sur les montagnes noires. Il n'y a pas longtemps que le temple était presque entier, mais les Turcs ont eu l'idée ingénieuse de faire exercer leurs artilleurs sur ces cibles de marbre, ce qui les a largement détériorées. Ce détail est-il vrai? On me le raconte, je le répète, parce qu'il me paraît vraisemblable.

A bord, beaucoup de dames et de jeunes filles grecques, des Anglais peu gênants. On fait de la musique, sans grand enthousiasme, vu le roulis.

Vendredi 15 mai.

La mer est un peu mauvaise le matin, je reste couché jusqu'à midi. Quand je monte sur le pont nous nous trouvons à la hauteur de Lesbos.

Le soir, nous voyons les côtes de la Troade et nous longeons l'île de Ténédos. Avant d'entrer dans l'étroit canal des Dardanelles j'aperçois sur la côte un grand tumulus ; je m'informe et j'apprends que c'est le tombeau d'Achille ; rien que cela !

Derrière ce tombeau, je ne tarde pas à en découvrir un second.

— Quel est-il ?

— Parbleu, le tombeau d'Achille.

— Et l'autre ?

— Celui de Patrocle.

Là-dessus je prends des notes, les Anglais aussi. Stop dessine et inscrit : tombeaux d'Achille et de Patrocle.

Mais voilà qu'un troisième tumulus se présente à nos yeux. Je vais aux renseignements... C'est encore le tombeau d'Achille.

— Mais les autres !

— Ce sont ceux de Patrocle et d'Antiloque, le premier Grec tué devant Troie.

— Très-bien.

Nous tournons à l'est et entrons dans le détroit. Une centaine de navires à l'ancre attendent le vent du sud pour se rendre à Stamboul.

A l'embouchure du Scamandre et du Simoïs réunis, nous voyons encore deux tumulus. Il paraît que décidément ce sont ceux-là sous lesquels dorment Achille et Patrocle.

— Et les autres alors ?

Je consulte le Guide-Joanne.

Le tombeau d'Achille ne peut pas se voir de la mer, il n'en reste que le contour. Des deux monticules en vue, l'un est le tombeau de Fœtus, favori de Caracalla, l'autre celui de Patrocle, le chéri d'Achille.

Quant aux autres, on ne peut déterminer au juste leur origine, mais à coup sûr ils remontent à la période homérique. C'est tout ce que nous demandons.

Et là-dessus, nous allons faire de la musique. Mlle Stoline, de la troupe de Constantinople, nous chante l'air de la *Belle Hélène* d'Offenbach ; ce serait assez en situation, mais voilà que les savants, forts du témoignage d'Hérodote, affirment qu'Hélène n'est jamais venue à Troie. Bah ! ça est bien égal à Mlle Stoline, et à nous donc !

Samedi 16 mai.

Toute la matinée nous voyons les côtes de la Turquie d'Europe ; elles paraissent bien cultivées, mais ont peu d'ombrages et d'habitations.

Peu à peu se dessine l'entrée du Bosphore. Nous apercevons des casernes et quelques minarets : c'est Constantinople.

Le temps est couvert et la reine du Bosphore se présente à nous sous un aspect gris et fade, assez peu oriental.

En laissant Scutari à droite, nous contournons les mosquées du sultan Achmet et de Sainte-Sophie ; nous longeons les jardins de l'ancien sérail et le bateau mouille à l'entrée de la *Corne d'Or* ; on appelle ainsi le port de Constantinople ; c'est une langue de mer qui se prolonge très avant dans les terres en figurant une sorte de demi-croissant et sépare Stamboul, la ville turque, de Péra, la cité européenne.

Une foule de caïqs et d'embarcations assiégent le navire. Ce serait assez pittoresque, mais le soleil manque.

Nous descendons dans une barque, et après

avoir subi une très-légère inspection à la douane,
nous nous dirigeons jusqu'à notre hôtel, à
travers des rues pavées de grosses pierres
inégales et de chiens qui dorment dans les trous
laissés par les pierres manquantes. Ces bêtes
sont en si grand nombre qu'on se demande s'il
n'y a pas plus de chiens que de pavés.

Une fois installés sur la hauteur, dans le
quartier de Péra, nous essayons de nous promener malgré la pluie, car il pleut. Pour éviter
l'averse nous pensons qu'un café turc sera un
abri intéressant et nous entrons dans le premier
venu.

C'est une grande salle avec des divans tout
autour et dont les fenêtres donnent sur une
rue en pente fort animée. Les piétons sont nombreux et affairés ; on voit passer quelques cavaliers, des convois de chevaux chargés de briques
ou de longues planches croisées sur leurs têtes
d'un bout et balayant le sol de l'autre, des *hamals* ou porte-faix transportant d'énormes charges ; il n'y a pas de voitures.

Ces hamals sont vraiment étonnants ; ils
se courbent en deux et placent leur fardeau sur
les reins ; c'est à peine si l'on distingue leur tête,
ce sont de monstrueux colis sous lesquels deux

petites jambes s'agitent ; parfois ils se réunissent quatre pour porter une seule caisse suspendue à deux longues barres de bois, mais il faut alors que le poids soit considérable ; ils préfèrent beaucoup faire craquer leurs os sous des poids phénoménaux. *Fort comme un Turc* n'est donc pas un faux dicton.

Le café où nous nous sommes réfugiés paraît assez singulier ; on y consomme fort peu, et à en juger par le luxe d'instruments de toilette qui nous entoure, nous commençons à deviner que nous sommes chez un barbier. Mais en Orient la boutique d'un barbier est une succursale de la place publique. Nous avons donc agi selon les usages en venant prendre le café au milieu des pommades et des cheveux coupés.

Le soir nous parcourons la grand'rue de Péra qui fait tous ses efforts pour rappeler la rue Vivienne. Presque dans chaque maison il y a un café-concert ; la musique est exécutée par des orchestres de jeunes filles venues de Vienne. Je pense que c'est pour faire quelque rapprochement entre le paradis de Mahomet et les cafés-concerts qu'on a adopté ce système orchestral, et il est très-probable que, grâce aux *musiques de femmes* de Péra, les Turcs se figurent la civilisation sous la forme d'une houri blonde qui joue du violon devant un bec de gaz et une limonade.

Généralement ces établissements sont vides, ce qui ne les empêche pas d'être nombreux. A mesure qu'on parcourt la rue, l'harmonie jaillit de toutes les ouvertures : polka à droite, valse à gauche, fantaisie au sous-sol, mazourke au premier... Pour compléter le délire musical, un orgue de barbarie passe en jouant la *Marseillaise* ; aussi les chiens se mettent de la partie. Nous nous sauvons !

Dimanche 17 mai.

Visite à la tour de Galata, qui domine tout le faubourg de Péra. On entre là comme chez soi, mieux que chez soi ; tout est ouvert. L'intérieur de la tour ressemble assez à une écurie. On monte par un petit escalier pratiqué dans le mur. De distance en distance un plancher sale, muni d'une balustrade, garnit la moitié de l'édifice ; la partie vide est réservée pour monter dans le haut, au moyen d'une poulie, les provisions du gardien. Car il y a un gardien, une sorte de berger en chambre qui élève des chèvres à je ne sais combien de mètres au-dessus du niveau du Bosphore.

La vue qu'on a de là est fort intéressante : on se rend très-bien compte de Constantinople. C'est une ville faite de jardins et de petites maisons de bois, disséminées sans alignements. Les maisons neuves sont rouges, vertes, jaunes ou bleues. Lorsque les pluies d'hiver ont passé là-dessus, les bicoques prennent une teinte gris-noir assez piteuse. Cet amalgame de cabanes

vermoulues et de verdure s'étend sur de nombreuses collines à droite et à gauche de ce golfe
pointu pompeusement appelé la *Corne d'Or*.Vus
d'en haut, tous ces toits qui se succèdent et s'é-
tagent des hauteurs à la mer ont un petit air
croustillant assez gai. Pour rompre la monotonie de ces habitations sans nombre qui couvrent un espace immense, l'œil est frappé par
de grands rectangles blancs qui sont des casernes, et de larges zones noires qui sont des cimetières plantés d'ifs. Partout de lourdes mosquées
animent les contours ; chacun de ces édifices se
compose d'un dôme flanqué et recouvert d'une
quantité de petits dômes parasites qui rappellent
assez les verrues des melons cantaloux ; tout
autour, quatre à cinq grands cierges blancs re-
couverts d'éteignoirs et garnis de bobèches, représentent des minarets.

Cet ensemble, considéré sans idées préconçues
et par un ciel gris, paraît lourd, prétentieux et
manqué. Malgré nos efforts pour nous monter
l'imagination, nous restons froids.

Pendant que nous regardons, deux hommes
font sans cesse le tour de la chambre. Est-ce un
exercice salutaire qu'ils prennent après le repas?
Est-ce un vœu qu'ils accomplissent ? Sont-ils

payés pour cela ? Cette dernière hypothèse est la vraie.

Ce sont des pompiers qui tournent sans relâche, comme des écureuils dans leur cage, pour pouvoir signaler le moindre incendie qui viendrait à se déclarer dans cette superbe Byzance faite de bicoques en planches.

A trois heures nous allons assister aux vêpres des derviches tourneurs. C'est, comme au Caire, une valse tranquille et extatique entremêlée d'oraisons et de génuflexions (1).

Quelques derviches sont des enfants de douze ans. D'autres, au contraire, sont tellement vieux qu'ils peuvent tout au plus marcher. La tête tremblante, les bras à peine soulevés, les mains pendantes, la démarche incertaine, ils ressemblent à de vieux singes ivres et titubants.

Stop dessine tant et plus. Les jeunes moines s'en sont aperçu et ils sont évidemment très-distraits pendant la cérémonie ; aussi l'iman lance de notre côté des regards furibonds.

Les vêpres dites, les apprentis religieux viennent en courant voir le travail de mon ami ; ils

(1) Voir les *Croquis égyptiens*. page 277.

en paraissent satisfaits, et c'est à qui posera.

Tout cela se passe en pleine mosquée : on cause, on rit. Les vieux viennent pourtant mettre le holà ; non qu'ils soient scandalisés de ce brouhaha, ni que l'idée de faire des images choque leurs croyances, mais, uniquement pour déclarer que si nous faisons poser leurs élèves, il faut d'abord donner des *bakchichs* (étrennes).

J'ai déjà été frappé du manque de ferveur des Stamboulois comparés aux autres musulmans. Je ne vois pas, comme en Egypte, les ablutions et les prières faites aux heures indiquées, même devant le public, en pleine rue.

Les Turcs me paraissent, en somme, beaucoup plus indifférents et moins superstitieux que les Arabes en matière religieuse.

De la mosquée des derviches nous descendons au port où nous prenons un caïq pour aller aux eaux douces. Le caïq est une embarcation légère, mince, longue et élégante qui sert de véhicule sur le Bosphore. Taillé en forme de longue navette, il rase l'eau avec rapidité ; seulement, il chavire beaucoup trop aisément et il est assez dangereux et difficile de s'y installer. Le quart de sa longueur est seul utilisé, au centre ; les deux extrémités servent à fendre l'onde et sont d'ordinaire assez gracieusement ornées.

Les voyageurs se couchent dans le fond, les têtes dépassant à peine les bords, et, une fois blotti, il ne faut plus bouger. Le rameur seul est en vue ; c'est toujours un gaillard d'une force extraordinaire, vêtu le plus souvent d'une ample et légère chemise de laine blanche retenue par une ceinture, et coiffé du tarbouh rouge.

On va très-vite et à chaque instant il semble, dans le port encombré, qu'on doive heurter un navire, choquer une bouée ou être coupé en deux par un autre caïq venant à angle droit. Mais d'un coup d'aviron habilement donné, le *caïdji* évite l'obstacle, contourne le danger et malgré la foule innombrable de bateaux qui sillonnent l'eau en tous sens, on file comme une flèche sans une secousse et sans un choc.

Les eaux douces d'Europe sont situées au fond de la Corne d'Or. A mesure qu'on s'avance, le port se rétrécit et finit par devenir une rivière de dix à douze mètres de large. Les collines qui bordent la vallée se déboisent et se dépeuplent peu à peu, il semble qu'on entre dans un désert, lorsque tout d'un coup, à un détour du canal, on aperçoit de grands arbres, des kiosques blancs, des minarets dorés et toute une population aux vêtements éclatants disséminée par les prairies.

Sur l'eau, les caïqs éblouissants se balancent serrés les uns contre les autres. Sous l'ombrage on voit des groupes de femmes voilées de blanc, vêtues de rouge cerise, de bleu de ciel, de jaune citron, de vert pomme, accroupies sur des nattes, mangeant ou minaudant au miroir.

Cavaliers faisant de la fantasia, lourdes voitures fermées et dorées, écoles d'enfants installés devant des marionnettes, gros pachas disant leurs chapelets, marchands d'eau et de sucreries criant à tue tête... tout cela remue, glapit, scintille, réjouit l'œil.

Partout des orchestres turcs, c'est-à-dire une flûte, un bugle à clé ou un violoncelle microscopique pour faire le chant ; un tarbouka ou un sistre antique pour marquer le rhythme ; une ou deux voix aigres et chevrotantes, criant un air mineur : en voilà assez pour exécuter une symphonie.

On se promène, on joue, on cause, on mange des fromages blancs, on boit du café, on fume le chibouk ou le narghiléh et l'on paraît, je le certifie, bien heureux de vivre.

Le retour en caïq est une véritable régate ; les bateliers luttent d'adresse et de vigueur ; la flottille se remue dans le canal comme une grosse chenille bariolée : les musiciens continuent sur l'eau leurs mélopées cadencées auxquelles se mêlent les cris rauques et sauvages des caïdgis.

Autour de nous les collines resplendissent des derniers rayons du soleil.

Les vallées font des plans de teintes différentes qui vont en dégradant depuis le violet sombre jusqu'au gris perle.

Les mosquées semblent, dans la brume, suspendues à leurs minarets dont les bases ne se voient plus.

Les angles des maisons donnent dans certains endroits des touches plus lumineuses, tandis que les cyprès des cimetières ressortent en larmes sombres.

Par moment, la réalité orientale est un rêve !

Lundi 18 mai.

Nous allons prendre un bain turc à Stamboul.

On entre d'abord dans une grande salle surmontée d'un dôme élégant et entourée de deux étages de galeries où sont des lits de repos. Quelques treillis en bois forment des semblants de séparations, de sorte qu'on peut à volonté s'isoler ou entrer en conversation avec les autres baigneurs, voir ou ne pas voir, et, grâce à quelques rideaux, être vu ou caché. Partout circule l'air et la lumière ; tout est propre ; les linges sont blancs, les étoffes voyantes.

C'est toute une cérémonie que de prendre un bain selon les règles.

Avant de nous laisser monter dans les galeries, on nous fait quitter nos chaussures, on les remplace par des babouches qui ne tiennent au pied que par le bout de l'orteil ; maladroits à nous en servir, nous les perdons à chaque pas et nous nous décidons à les prendre à nos mains et à monter lestement l'escalier avec nos chaussettes.

Nous choisissons nos lits et l'on nous fait déshabiller entièrement. Pour que la pudeur n'ait pas à souffrir, les garçons de bain tiennent des linges étendus autour de nous ; on sait du reste que d'après le Coran, être nu n'est pas inconvenant, c'est celui qui regarde des nudités qui commet le péché.

On nous serre autour des reins une sorte de pagne bleu foncé rayé de rouge qui couvre les jambes ; sur nos épaules se drape une étoffe blanche. Nous ressemblons assez à des bonzes de Madras. Et puis il nous faut reprendre nos babouches incommodes. Comme nous ne savons pas traîner le pied avec l'indolence orientale, chaque pas les projette au loin et les garçons ont fort affaire de les poursuivre et de les rapporter.

En bas de l'escalier nous les quittons ; mais c'est pour prendre des espèces de semelles en bois montées sur deux planchettes hautes de dix centimètres ; une simple bride maintient au pied cette chaussure qui a tous les inconvénients de la babouche joints aux dangers de l'échasse. Soutenus par nos baigneurs, nous avançons péniblement sur un glissant pavé de marbre.

Ce n'est là que le prologue de la comédie.

Nous entrons dans une chambre voûtée éclairée par de petites lentilles encastrées dans la voûte. La chaleur y est suffocante, et, à peine introduit, j'ai déjà envie de m'en aller. Pendant que je demande s'il n'y a pas de pièces moins chaudes, je m'aperçois que l'étouffement produit à l'entrée est déjà beaucoup moins sensible, et comme mon baigneur ne comprend pas un mot de ce que j'ai dit, je me résigne et m'installe sur un divan.

Au bout de dix minutes, on nous introduit dans une salle encore plus chaude. Même suffocation, même crainte d'être asphyxié, mêmes observations incomprises, même soulagement au bout d'un instant.

Et tout de suite on nous mène à la salle de bain.

On nous installe sur un divan en marbre ou plutôt sur un poêle chauffé à la vapeur. Cette manière de s'asseoir sur un calorifère a évidemment pour effet de détourner les dangers apoplectiques en attirant le sang... ailleurs qu'à la tête.

Tout autour de la salle sont de profonds béniciers pleins d'eau chaude à côté desquels s'accroupissent les patients.

Déjà plusieurs indigènes sont installés et se font savonner et arroser d'eau bouillante.

Notre tour arrive. On commence par nous inonder au moyen d'écuelles de cuivre, puis on nous brosse sans pitié au risque de nous écorcher. Tout en me brossant, le baigneur me serre les muscles à me faire crier ; tantôt il me retourne les membres à l'envers, tantôt il les étire jusqu'à ce qu'ils crâquent. Je commence à me demander si c'est une plaisanterie. Je suis assez tenté de le croire, car je vois le baigneur de Stop qui lui noie la tête dans un nuage de savon et tandis qu'il lui passe avec violence ses gros doigts sur la figure, il se tourne de mon côté et me fait remarquer en riant l'étrange mine que fait mon ami. Je vais presque trouver ça drôle, lorsque.....

Qu'est-ce qu'on vient de me faire ?

Suis-je mort ou vivant ? Je ne vois plus, les yeux me cuisent horriblement, j'ai le nez bouché, la bouche aussi ; je ne sais par quel orifice respirer... Quels sont donc ces étaux qui me serrent la tête en tous sens et me démanchent le cou ?

Jonas avalé par une baleine dut éprouver une sensation semblable.

Mais qu'est-ce qui vient de m'arriver !

J'entends Stop qui rit. Je comprends. On me savonne la tête et je dois avoir l'air assez burlesque.

Muni d'une poignée d'étoupe de palmier, mon baigneur me couvre d'une abondante mousse de savon ; je me fais l'effet d'un œuf à la neige. Puis les douches d'eau brûlante recommancent : Holà les yeux, aïe le nez ! — Et puis ! Voulez-vous bien finir et ne pas me fourrer ainsi les doitgs dans les narines, dans les oreilles, dans la bouche....!

Voilà qui est fait.

On nous couvre d'étoffes sèches et, remontés sur nos patins d'équilibristes, nous regagnons nos lits, non sans trébucher souvent, à la grande joie des assistants.

Une fois couchés, la fièvre nous prend. C'est de rigueur. Dernière sensation de ce fatigant plaisir qui s'appelle un bain turc.

Après une demi-heure de kief (repos) entremêlé de tasses de café et de limonade, on quitte le costume de sénateur hindou, on reprend son prosaïque pantalon ; la pièce est jouée. C'est quinze piastres qu'il en coûte ; on est un peu moulu, mais l'on n'est pas bien sûr d'être propre.

Après déjeuner nous traversons les bazars de Stamboul et nous arrivons à la tour du Seras-kieh qui domine la ville turque, comme la tour de Galata domine Péra.

On nous avait dit que pour grimper dans ce minaret, il ne fallait rien moins qu'un firman du Sultan. A tout hasard nous risquons une demande d'ascension.

— Deux piastres, nous répond-on.

Et nous montons.

J'ai compté cent quatre-vingt-cinq marches de trente centimètres. En haut la vue est splendide. Des pompiers vous offrent le café en tournant, tournant toujours autour de la chambre. ils ne s'arrêtent même pas quand ils vous parlent ; là consigne est de tourner, ils tournent. Ils regardent très-peu la ville, mais ils tournent. Un incendie peut éclater, dévorer tout un quartier, comme cela arrive à chaque instant, on n'aura, certes, rien à leur reprocher, ils tournent.

Mardi 19 mai.

Allez au Flamour, nous dit-on, c'est une charmante promenade d'après-midi, il y a un kiosque du Sultan et toutes les fois qu'il y a un kiosque du Sultan quelque part, on peut être assuré que l'endroit est délicieux.

Nous voilà donc partis dans la direction indiquée et, selon notre habitude, nous commençons par nous perdre. Nous arrivons sur les bords du Bosphore, devant le *palais de pierre* de Sa Hautesse. Ce titre de palais de pierre prouve que les autres et trop nombreux palais de Constantinople sont construits comme des châteaux de cartes.

Tout palais de pierre qu'il est, cet édifice est d'un goût affreux, il mériterait d'être en pâtisserie meringuée ; surchargé d'ornements d'un style Louis XIV dégénéré, il n'a de vraiment imposant que les murs du Sérail, hauts de trente mètres, et sans une seule fenêtre. Ce n'est pas joli, c'est même laid, mais cela donne une fière idée de la manière dont les Turcs entendent la vie privée.

Remis dans la bonne voie, nous traversons successivement des endroits étranges, tantôt une rue de villas turques avec des jardins suspendus, des surplombs, des retraits, des fenêtres grillées dans toutes les directions, sous tous les angles, pour que les recluses orientales puissent de leurs salons voir dans tous les sens, et se croire en liberté, dans leurs cages luxueuses. Tantôt c'est un vallon ombragé de mûriers, des légumes sont cultivés à droite et à gauche ; c'est la verte nature. Tantôt c'est une ruelle sèche, triste, escarpée ; elle se contourne entre deux murs sales ; à quel besoin de circulation répond-elle ? On l'ignore ; elle se trouve là sans raison, ne vient de rien, ne mène à rien ; partout ailleurs qu'à Constantinople les voisins l'auraient achetée, pour agrandir leur enclos.

Puis nous nous trouvons au bas d'un cimetière établi sur une colline en pente. Sous les cyprès sont des groupes de femmes accroupies dans leurs amples vêtements de soies éclatantes ; elles regardent au loin les navires du Bosphore. Ces indolentes resteront ainsi des heures entières, sans rien dire et peut-être sans rien penser , dans la tranquillité bestiale de l'animal qui digère. Les enfants jouent parmi les tombes.

Les troupeaux broutent le long des sépultures. Quelques hommes fument leur narghiléhs et mangent des gâteaux servis sur les pierres tumulaires. A tout cela rien d'étonnant, puisque les cimetières ici sont les seules promenades ombragées.

Nous gravissons ce champ du repos et du plaisir, et, après avoir parcouru des plateaux arides nous arrivons au Flamour. C'est un petit groupe d'arbres au fond d'une vallée dénudée. Au centre est un énorme *chêne* qu'on a entouré d'un assez joli bassin de marbre plein d'une eau cristalline ; de là le nom de *Flamour* qui veut dire Tilleul.

Quelques terrasses où l'on prend du café, le pavillon impérial en sucrerie comme toujours, et c'est tout.

Peut-être si le ciel était moins gris, nous apprécierions davantage ce lieu de ravissement, mais par le temps triste qu'il fait, nous trouvons que nous avons beaucoup couru pour ne rien voir.

Mercredi 20 mai.

Nous montons sur un bateau qui fait le service du Bosphore, et nous voilà partis à toute vapeur, faisant escale à chaque localité importante de ce vaste fleuve marin.

Le temps est couvert et il fait froid.

Où est la Turquie brillante et ensoleillée ?

Ce site unique au monde nous paraît assez insignifiant. Se fait-on une idée d'un Bosphore plein de brume ? Les villas des riches Stamboulois ont un air sale et piteux. La verdure est grise. Le paysage est sans relief. A bord les passagers paraissent gelés. Triste voyage !

Nous descendons à Buyukdéré pour déjeuner. Après le repas nous parcourons le bois qui domine la ville et ses jardins. Ce bois s'appelle la *forêt des roses* ; je n'y vois pas d'inconvénient, sauf qu'il n'y a pas de roses.

Tout d'un coup, voilà une éclaircie ; le soleil se montre, et cela devient charmant. La végétation n'a pourtant rien de spécial, mais à travers les gros troncs et les feuillages verts, on

aperçoit la mer et les voiles blanches des bateaux. Les collines qui entourent le Bosphore
prennent des contours harmonieux et des teintes séduisantes ; c'est une révélation de la
nature !

Puis le vent souffle plus vif ; des brouillards
arrivent de la mer Noire et s'étendent sur les
collines ; l'air redevient sombre , nous grelot-
tons.

C'est donc là l'Orient des poètes et des pein-
tres !

En voyant ces habitations étagées, qui descendent le long du détroit, il me semble voir
Montmartre brumeux ou la Croix-Rousse. Ici,
pas de palmiers, pas de blanches maisons couvertes de terrasses, pas d'aloës, pas de ciel bleu,
pas d'Orient ! Si nous nous en allions ?

En revenant à Constantinople, nous rencontrons de nombreux bateaux à vapeur couverts
de femmes voilées de blanc, vêtues de soie ou
de laine aux couleurs variées. Ce sont des
sérails entiers qui sont venus passer la journée
dans les riches bazars de la ville, et qui rega-
gnent leurs logis disséminés le long du Bosphore. Les femmes se promènent beaucoup ici,
même sans être accompagnées d'aucun eunu-

que. On comprend qu'il leur faut, le plus souvent
possible, faire diversion avec l'ennuyeuse vie
qu'on mène dans les intérieurs turcs.

Le sérail oriental est bien plus un couvent
qu'un lieu de plaisirs. Il faut une discipline
sévère pour maintenir l'harmonie entre ces
femmes qui peuvent avoir des prétentions égales. Quand la mère du chef de maison existe c'est
elle qui est l'abbesse de ces cloîtrées ; autrement c'est la plus ancienne des épousées qui
fait l'office de supérieure.

Car il ne faut pas s'imaginer qu'un harem
soit une collection de houris jeunes et belles.
Les Turcs ne doivent avoir qu'un nombre de
femmes proportionné à leur fortune ; autant
qu'ils peuvent en entretenir honorablement.
Ils s'arrangent d'ordinaire pour échelonner leurs
amours, et, comme la beauté des femmes passe
vite en Orient, il se trouve que d'ordinaire sous
le *règne* de la troisième femme, la première est
déjà une douairière acariâtre, jalouse et désa-
gréable ; l'odalisque tourne vite à la mégère et
le rôle de mari n'est pas tout roses.

Les Turcs subissent en cela, comme en bien
d'autres choses. l'étreinte du Coran. Leurs
ménages compliqués, leurs amours purement

matérielles, sans aucune communauté d'idées avec leurs compagnes, les rendent assez dédaigneux des plaisirs de la vie intérieure ; aussi ils quittent le logis le plus souvent possible et envoient promener leurs femmes, qui ne se le font pas dire deux fois et encombrent, à qui mieux mieux, les steamboats du Bosphore.

Il est assez admis que l'abrutissement incontestable des Turcs vient du mariage à haute dose. Je crois qu'on se trompe. Les Turcs ne meurent ni d'épuisement, ni d'amour, ni de la moelle épinière.

En revanche, ils crèvent tous d'indigestion. La première dépense que fera un pacha qui se pique de civilisation, c'est de se procurer un cuisinier, et il me semble que c'est au fond des casseroles qu'on devrait chercher l'explication de la question d'Orient. Les enfants sont obèses à douze ans, les jeunes gens, bourrés de graisse, marchent avec peine et les ministres meurent gras fondu. On demande des réformes à la Turquie ; qu'on commence par la table des grands dignitaires. Et qu'on les grise si c'est possible ; l'interdiction du vin leur fait chercher une sorte d'ivresse abrutissante dans la digestion, et le stimulant de l'alcool manque à leurs cerveaux épaissis.

Mais les harems ne minent ni la santé ni l'intelligence des Orientaux ; ils n'attaquent que leur fortune ou celles de leurs créanciers.

Jeudi 21 mai.

C'est le jour des *derviches hurleurs* à Scutari. Nous traversons le Bosphore en caïq, non
sans quelque imprudence, car la mer est mauvaise. Le bateau rapide coupe la vague, et nous
en sommes quittes pour quelques aspersions.

Avant d'entrer à la mosquée nous visitons le
grand cimetière de Scutari. Il n'y a décidément
que ces endroits-là pour égayer un peu le paysage. Les tombes sont ordinairement formées
de trois pierres : une dalle horizontale percée
de deux trous à ses extrémités, et deux grandes spatules, fichées toutes droites dans ces
trous : l'une de ces spatules se termine par un
simulacre de turban, si c'est un homme. Ces
pierres droites sont couvertes d'inscriptions
arabes, en relief ; quelquefois les caractères
sont peints en or sur fond bleu ou vert.

Au milieu de toutes ces quilles une noce prend
ses ébats au son de la musette.

Des bœufs, couchés entre ces tiges sculptées,
ruminent sur les sépulcres des croyants.

On nous montre un tombeau plus grand que les autres, composé d'une haute coupole supportée par six colonnes ; c'est là que repose le cheval du sultan Mahmoud.

Le cimetière est immense. A travers ses cyprès ombreux, l'on a sur la mer de Marmara, et sur les îles des princes, des échappées de vue superbes.

Les derviches hurleurs n'ont pas de costumes spéciaux ; il y a là des gens de toutes les conditions, des riches, des pauvres, des soldats, des commerçants, etc.

La mosquée est très-simple ; tout autour il y a des masses de tambours plats, de cymbales, d'instruments bizarres qui autrefois servaient à torturer, pour leur plaisir, les adeptes en extase. Cela ne se fait plus, pas plus que la musique aux tambours, du moins devant le public.

Les acteurs (comment les appeler ?) commencent par réciter des versets du Coran, en se tenant accroupis sur des peaux de moutons et balançant le haut du corps de droite à gauche, d'arrière en avant.

La cérémonie est très-longue. A un moment donné, les fidèles se mettent debout, au fond de la salle, épaule contre épaule ; et pendaut que des chantres placés au centre psalmodient à tue-tête des cantiques chevrotants, le chœur chante le fameux *la illa il allah*, en saluant profondément tantôt à droite tantôt à gauche.

Peu à peu le rhythme se précipite et les inclinaisons deviennent frénétiques ; les têtes ballottent de côté et d'autre ; ce n'est plus un mouvement d'adoration, c'est le balancement ridicule de l'ours blanc.

L'accelerando augmente encore. Les fervents n'ont plus le temps de prononcer et poussent aes cris essoufflés, rauques, de véritables hurlements qu'ils lancent du fond de la poitrine.

Encore plus vite, toujours plus vite.

Le sault de tout à l'heure est devenu une contorsion rapide, une trépidation nerveuse, vrai cancan pris sur le fait au moment où les sergents de ville interviennent. Le tout entremêlé de râlements, de reniflements joyeux, de ces cris inarticulés que pousse l'homme au comble de la jouissance ou au paroxysme de la douleur.

Pourtant on se calme, à part quelques-uns qui prennent de réelles crises de nerfs et ne peuvent plus s'arrêter.

On s'essuie un peu, on prend haleine, mais pour recommencer de plus belle.

A ce moment plusieurs enfants sont introduits. Il paraît que cette cérémonie a un effet thérapeutique : ces pauvres petits, piétinés par l'iman sous le souffle insensé des hurleurs, seront, pense-t-on , à l'abri des maladies.

Les enfants se couchent à plat-ventre. L'iman promène son pied droit sur tout le corps et se tient debout quelques instants , un pied sur es cuisses, l'autre sur les épaules.

Les malheureux se relèvent en souriant.

La consultation commence. Les uns viennent pour leurs migraines, les autres pour leurs coliques, et l'iman impose les pieds ou les mains ur les parties souffrantes, et les malades se retirent satisfaits sinon guéris.

Pendant ce temps les convulsionnaires se démènent sans relàche.

On apporte un petit enfant de quelques jours. J'ai d'abord peur qu'on le fasse écraser sous les pieds de l'iman.... mais on se sert pour lui d'un autre système. Un croyant s'étend à terre, le prêtre monte sur lui et prononce quelques paroles en soufflant sur l'enfant.

Tout cela est très-ridicule, mais avant d'en

rire il faut se demander si en France nous sommes beaucoup plus raisonnables et si les promenades pieuses et fatigantes faites à genoux dans les *pardons* de Bretagne, si les consultations gratuites d'Ars ou de la Salette, ne paraîtraient pas comiques à des Musulmans

Vendredi 22 mai.

C'est aujourd'hui le dimanche des Turcs. Il
est d'usage pour les étrangers de se mettre sur
le passage du Sultan lorsqu'il se rend à la mosquée pour faire ses dévotions. Le cortége est,
dit-on, resplendissant ; les têtes s'inclinent à la
vue du souverain qui est censé exercer sa suze-
raineté sur les pays les plus beaux de l'Europe,
de l'Asie et de l'Afrique ; tout dans le cérémo-
nial est digne du commandeur des croyants ;
nul prince en effet ne peut se vanter de représenter à un plus haut degré la réunion des
droits spirituels et temporels.... Pourtant quand
on réfléchit que tout est superficiel dans cette
puissance, on se prend de pitié pour ce luxe
extérieur ; et, si on ne voyait, derrière ces
oripeaux, que la politique redore de son mieux,
des problèmes terribles pour l'avenir, on serait
bien tenté de rire.

Aussi, pour n'avoir ni à rire ni à pleurer à
propos du cortége religieux de Sa Hautesse, je
manque à mon premier devoir de touriste en

n'allant pas me morfondre deux heures sur le passage du Sultan.

Le soir nous allons aux eaux douces, où nous trouvons beaucoup plus de monde que la dernière fois. Les femmes surtout abondent ; elles couvrent des collines et des prairies entières. Elles ont mis à réquisition pour venir là toutes sortes de véhicules : voitures rondes, fermées et dorées, caïqs de famille, chars à bœufs brillamment ornés et surmontés d'une quantité de pompons rouges qui pendent à de grands bâtons recourbés sur les bêtes ; j'aperçois même des dromadaires.

Les dames des hauts sérails ne daignent pas se mêler au menu peuple, elles restent dans leurs riches *arabahs*, gardées par leurs eunuques à cheval. Mais pour se distraire elles font arrêter, devant la portière, des théâtres de marionnettes et s'offrent l'innocent plaisir du Guignol stamboulois. La foule entoure la voiture ainsi que la scène portative et chacun de rire aux éclats des lazzis criés en plein vent.

Les jeunes dames, au voile transparent, rient aussi beaucoup, mais, tout en ne perdant pas un mot du spectacle, elles ont le temps de jeter des coups d'œil sur le public, et si un jeune étranger se trouve là, elles se tournent vers l'*invité* et semblent lui dire en montrant leurs dents blanches :

— N'est-ce pas que c'est drôle ?

Me voyant l'objet d'une semblable politesse, je regarde avec inquiétude les gardiens armés de grands sabres. Ils paraissent intéressés au dernier point par le drame, et leurs prisonnières pourraient quitter leurs voitures sans qu'ils s'en aperçoivent. Je continue donc sans crainte la conversation commencée grâce au jeu des physionomies, et, la pièce finie, je salue mes nouvelles connaissances. Ces houris répondent gracieusement à ma politesse et se penchent longtemps à la portière pour m'envoyer, en s'éloignant, des petits saluts de la main. Les eunuques, graves et bons enfants, laissent faire en souriant.

Au retour le soleil daigne se montrer et Constantinople se révèle. Tout resplendit et scintille. La haute ruine de Bélisaire, les vieilles tours des fortifications, au lieu de se confondre avec les arbres qui les entourent, jaillissent rousses et chaudes de ton, des touffes de verdure. Les habitations du Fanar (quartier des familles

grecques qui furent dans le temps si puissantes)
perdent cet aspect de tristes cabanes de bois ;
c'est gai et presque riche.

Les cyprès des champs mortuaires adoucissent
leurs teintes sombres ; les casernes prennent
des tournures de palais et les mosquées hérissées
de minarets d'argent reposent et dominent bai-
gnées dans une lumière vermeille.

Les dorures des caïqs, le haut des vagues, les
vitres de Galata pétillent de feu. Les tarbouchs
écarlates tirent les yeux. Le long des quais des
entassements de femmes aux costumes frais et
variés complètent cette débauche de couleurs
et de lumière. Voilà enfin la Stamboul que nous
cherchons !

Il est pourtant triste de penser que cette
capitale de carton a besoin, comme un vieux
décor, d'une illumination spéciale pour avoir son
aspect éblouissant. J'ai bien peur que dans cette
ville si vantée tout soit factice, choses et gens,
institutions et monuments. Je me méfie des
soleils couchants autant que des feux de la
rampe et je demande à voir le derrière des cou-
lisses.

Samedi 23 mai.

Un caïq nous mène au Fanar et nous parcourons la vieille ville en tous sens, sans itinéraire et sans guide, au hasard de notre fantaisie ; allant tantôt au nord, tantôt à l'est ; redescendant à la mer, remontant par des pentes raides sur les collines, changeant de quartiers sans raison, suivant des chemins insensés. Cette manière de voir la ville à tort et à travers est parfaite pour se rendre compte de cette cité étrange faite de contrastes.

On sort d'une rue populeuse, bordée de boutiques et de cafés, pour tomber en plein désert, parmi les maisons incendiées et abandonnées. Là une vieille fontaine arabe ; ici un aqueduc romain ; là-bas une imposante mosquée ; tiens ! un bazar ! Chaque pas est une surprise.

Tous ces monuments sont tellement entrecoupés de cultures de légumes, de cours ombragées, de cimetières verdoyants, de pâturages, de jardins fleuris, qu'on se demande si c'est la ville qui est dans la campagne ou la campagne qui est dans la ville.

Dans cette singulière capitale les faubourgs
sont partout. A part les grands bazars et le pont
de Galata, qui sont animés à vous donner le ver-
tige, la ville n'a pas de centres où la vie se porte
de préférence.

Marchant de la sorte, à l'aventure, nous zig-
zagons par les rues aux perspectives contournées,
aux silhouettes dentelées, au sol mouvementé,
montant, descendant, tournant, revenant, allant
de la mosquée de Sélim à celle de Mohammed,
nous dirigeant dans le sens du Seraskerat, puis
virant à angle droit et descendant jusqu'à la
Corne d'Or. Alors nous traversons tous les bazars
en biais et nous reprenons la direction du cou-
chant presque jusqu'au château des Sept Tours.
Revenus sur nos pas, nous prenons au port de
Yeni-Capou, sur la mer de Marmara, un caïq
qui nous ramène à Péra en longeant les vieux
murs et doublant la pointe du sérail.

Lorsque nous arrivâmes à Yeni-Capou, le
soleil se couchait. La pointe des Sept Tours
avançait dans la mer lumineuse ses noirs créneaux. En face, après les îles des Princes et les
montagnes de Brousse, le mont Olympe se
détachait couvert de neiges étincelantes ; à gauche le village de Kadikeuï formait comme un

collier de blanches maisons autour des montagnes de l'Asie Mineure, sombres et bleues. Derrière nous quelques minarets se dressaient
comme des fusées. Sur les premiers plans l'eau
tranquille, vaste tapis de soie changeant, avait
ces reflets mordorés et phosphorescents tantôt
rouges, tantôt bleus.

A chaque instant, dans le cours de cette
promenade aventureuse à travers la ville, s'est
présenté quelque scène intéressante, quelque
détail de mœurs caractéristique. Les temps
d'arrêt nécessités par les croquis de mon compagnon amenaient presque toujours un curieux
épisode.

Au Fanar, il était occupé à copier une rue
tortueuse et les passants s'attroupaient, ce qui
le gênait fort. Un gros officier s'avance et vient
se placer littéralement sur l'épaule du dessinateur. Stop, pour se dédommager, se met à l'in-
terpeller sans le regarder et tout en crayonnant.

— Eh bien, espèce de croyant, lui dit-il,
abusant de l'ignorance où sont les Turcs de la
langue française. Eh bien! y comprends-tu quelque chose? C'est trop fort pour toi, n'est-ce pas?
Ah çà, ne vas-tu pas bientôt t'en aller, vilain
Osmanlis, tu me gênes énormément.

L'officier se relève et salue gracieusement.

— Merci, monsieur, dit-il en riant.

Il avait tout compris.

Et il se retire, nous laissant fort attrapés.

Plus loin, nous tournons autour de la mosquée de Sélim, cherchant à entrer mais n'osant pas. Un brave Turc, un lettré même, car il portait une écritoire à sa ceinture, nous offre poliment de nous y introduire. Nous le suivons ; mais au moment de pénétrer dans la seconde cour, un *hadji* à robe verte (signe d'un haut grade religieux), arrive d'un pas précipité et paraît s'opposer à notre projet.

Notre protecteur improvisé insiste. Les deux Turcs se disputent avec vigueur et nous en profitons pour franchir le seuil et jeter un regard dans la cour qui n'a rien de bien particulier.

Puis nous allons droit à l'homme vert pour lui demander des explications. Il se radoucit sensiblement et nous fait comprendre que les gens à turbans entrent seuls dans ces lieux sacrés. Nous le savons parfaitement et il y a évidemment dans cette grande colère si tôt apaisée une question de bakchichs. Aussi nous n'insistons pas, pour ne pas gâter le métier de voyageur ou de curieux.

Et puis, franchement, ce monument de plâtre nous tente peu.

Néanmoins, notre guide volontaire, notre bienveillant lettré nous fait parcourir les terrasses qui entourent la mosquée et dominent la ville ; on y jouit d'une fort belle vue sur la Corne d'Or.

Il nous mène aussi aux tombeaux de plusieurs sultans, dont on voit, à travers les vitres des *turbés* qui les abritent, les cercueils richement ornés, couverts de cachemires et de pierreries.

Pendant que nous regardons, les vitres faisant miroir nous permettent d'observer la contenance de ceux qui nous entourent. De jeunes étudiants, sévères croyants, — supposons-le — cherchent à exciter les chiens contre nous. Il y a des chiens partout ici. L'un de ces jeunes gens ramasse même une pierre à notre intention, et comme nous nous retournons brusquement, il laisse tomber son projectile et fait semblant de cueillir des fleurs.

Quant à notre protecteur, l'homme à l'écritoire, il nous explique avec complaisance chaque objet qu'il nous montre, nous indique notre chemin pour nous en aller et prend congé de nous avec beaucoup de politesse.

L'étudiant à la pierre nous suit, s'offre à nous accompagner et cherche à se rendre agréable. Je crois qu'il y a eu dans sa conduite de tout à l'heure plus d'espièglerie que de conviction.

A un autre endroit, une femme voilée s'approche pour voir le dessinateur et se met à causer et à rire ; puis, s'apercevant que Stop l'a copiée sur son album, elle en paraît moitié joyeuse, moitié contrariée et se retire brusquement en donnant à mon ami une petite tape de mécontentement qu'elle applique avec beaucoup de grâce et presque le sourire aux lèvres.

Il est à remarquer que les femmes turques qui se voilent jusqu'aux yeux ne se gênent pas pour parler à tout le monde et lancer à droite et à gauche des œillades incendiaires. D'ailleurs le voile n'est plus sérieux. A part de vieilles douairières qui se couvrent la figure d'étoffes épaisses — et qui font bien — les femmes, surtout les jolies, ont sur les joues et la tête une mousseline blanche beaucoup plus transparente que les voiles mâchurés de broderies portés dans les rues par les dames françaises ; de sorte qu'on peut ici parler avec une femme voilée sans perdre un trait de sa physionomie.

Sur la place de la mosquée de Mohammed, il y eut une telle foule autour du faiseur de dessins qu'il fut complètement entouré et qu'il lui devint impossible de rien copier. La foule grossissait toujours pour savoir quelle était la cause de ce rassemblement, et c'était assez drôle de voir deux cents personnes se bousculant pour considérer un monsieur les bras croisés, son album dans sa poche.

Les Turcs, comme les Grecs, sont naïvement curieux et pas du tout indifférents, comme on le dit souvent. Ils aiment à plaisanter, sont bienveillants et complaisants. Les jeunes gens surtout posent volontiers et nous amènent leurs amis pour que Stop les dessine. A Stamboul, comme à Athènes, nous nous faisons dans la rue des intimes qui paraissent tout dévoués.

Il n'y a pas, jusqu'aux chiens — battus par tout le monde — qui ne voient en nous des gens sympathiques. Il suffit de leur dire quelques mots pour que tout de suite ils soient en fête. Nous leur faisons beaucoup d'avances et les avons pris en pitié et en affection depuis que nous connaissons le sort qui leur est réservé : dans quinze jours on va les déporter ! Oui, le Sultan n'en veut plus. Une île de la mer recevra cette étrange colonie. Que va-t-il arriver ? J'en frémis. Les colons se dévoreront entre eux jusqu'au dernier, qui mourra d'inanition. D'autre part les rues de Constantinople, qui n'avaient d'autres balayeurs que ces soigneux cantonniers, vont devenir des foyers d'infection. Gare le choléra ! Si cette décision prise en haut lieu ne subit par le sort de la plupart des décrets de la *Sublime-Porte*, lesquels ne vont guère plus loin que le papier ministre où ils sont mentionnés, si cet ostracisme de la race amie de l'homme est mis à exécution, je crains que la question d'Orient ne se double d'une grave question sanitaire qui s'appellera la *question des chiens*.

Aussi, nous les contemplons les larmes dans les yeux, ces pauvres caniches. Nous étudions leurs mœurs, afin qu'il reste trace, pour les générations futures, de ces familles qui vont finir comme les janissaires, par un massacre, mais un massacre lent, et entre frères.

Stop les dessine dans toutes les poses, dormant, mangeant, bâillant, grondant, hurlant, amoureux ou féroces, repus ou affamés. Oh, qu'ils sont beaux quand ils donnent un concert la nuit. Un orphéon de chiens est vraiment

quelque chose d'imposant. Parfois, en plein
jour , ils improvisent un morceau d'ensemble ;
il suffit qu'un montreur d'ours ou un chien
étranger viennent à passer pour être l'objet
d'une aubade d'aboiements et de cris à faire
trembler les maisons.

Dimanche 24 mai

Visite à l'ancien Sérail, à Sainte Sophie, à la mosquée d'Ahmet, à l'Hippodrome, au musée des Janissaires, à la citerne aux Colonnes et à la Porte Ottomane.

De l'ancien sérail on ne voit que le jardin, qui est immense. Ce qui reste des bâtiments après l'incendie qui l'a détruit est consacré à la fabrication de la monnaie. Le jardin est lui-même une ruine de jardin ; si ce n'est pas une forêt vierge, c'est au moins une forêt retombée en enfance ; on y voit des arbres superbes, des cyprès et des platanes énormes. On y a, à chaque pas, des points de vue sur le Bosphore et la mer de Marmara. Il domine les fortifications ; c'est une position et une végétation uniques ; mais au lieu d'en profiter, on a trouvé plus simple de construire un autre sérail sans fleurs, sans vue, sans ombrage ; car il aurait fallu restaurer les bâtiments brûlés, et les Turcs ne savent décidément pas mettre un clou là où il manque : ils attendent qu'un palais tombe en ruine, puis ils en font un autre.

Pareille chose arrive pour le palais qu'on appelle la *Porte Ottomane*. C'est une immense caserne jaune, vermoulue et décrépite. On a pensé, avec raison, que cet établissement n'était plus digne du Sultan, et au lieu de le réparer on en a construit un nouveau.

La mosquée d'Ahmet est ce qu'on appelle ici une belle mosquée. Elle est construite sur le plan de toutes les autres. A l'extérieur, un grand dôme flanqué d'autres plus petits, une vaste cour entourée d'arcades ogivales et au milieu de laquelle est une fontaine pour les ablutions ; à l'intérieur une haute coupole et des bas côtés. Le tout badigeonné de blanc.

Sur l'emplacement de l'ancien Hippodrome il y a trois monuments curieux : une sorte d'obélisque en maçonnerie qui autrefois était recouvert de plaques de bronze, une colonne torse en bronze qu'on dit être l'ancien trépied du temple d'Apollon à Delphes, enfin un obélisque égyptien en granit rose. Ce monolithe a été brisé à la base probablement dans le transport et on l'a coupé pour le rendre régulier, ce qui fait que le texte est interrompu au moment intéressant.

On peut y constater sur chaque face quatre orthographes différentes du prénom de Touth-mosis III qui l'avait fait élever en Egypte. Le socle sculpté du temps de Théodose est fort curieux ; il représente l'empereur entouré de sa cour et, au-dessous, les travaux nécessités pour le transport et l'érection de cette pierre intéressante.

Le musée des Janissaires est une sorte de cave où l'on conserve sur des mannequins tous les anciens costumes turcs en usage avant la réforme ; il y a, entre autres, des coiffures étonnantes de dimensions, de vraies mosquées qu'on se fourrait sur la tête avec plumets, pana-ches, guirlandes, draperies, etc. On a aussi recueilli là quelques débris antiques ; j'y remar-que une stèle funéraire égyptienne en forme de *naos* et dont le style paraît antérieur à la qua-trième dynastie, époque des grandes pyra-mides.

La Citerne aux mille et une colonnes s'appelle ainsi parce qu'il y en a deux cents à peu près ; c'est déjà bien joli. La partie basse des colonnes est enterrée ; elles doivent avoir vingt-cinq à trente mètres de hauteur et sont à trois mètres de distance les unes des autres. On dirait une forêt de palmiers immenses. Pour le moment cette citerne comblée abrite des cordiers qui y travaillent à l'abri des chaleurs.

Pour entrer dans la mosquée de Sainte-Sophie, c'est toute une affaire. Les sacristains — sous prétexte d'intolérance — demandent qu'on soit porteur d'un firman. A défaut de firman un bakchich peut suffire ; ce n'est plus alors qu'un prix à débattre, tant pour entrer, tant pour monter aux galeries ; nous obtenons ainsi un joli sacrilège au rabais. C'est la conviction religieuse mise au service de la cupidité.

Cette antique basilique ne m'a pas produit tout l'effet que j'en attendais. Les anciennes mosaïques ont été badigeonnées, partout où elles représentaient des personnages, et ce n'est plus qu'une grande cloche jaune supportée par des colonnes grises. Une lumière brutale entre par de petites fenêtres. On ne trouve là ni le recueillement des églises gothiques, ni l'aspect sévère des mosquées sarrazines. On a la sensation d'une grande halle au blé dans laquelle on aurait étendu des tapis.

Je dois pourtant dire que ce monument ne fait pas la même impression sur mon compagnon, qui est dans l'enthousiasme. Il doit avoir

raison. Mais je ne puis, quant à moi, détruire
l'idée de déception que j'éprouve.

En voyant ce temple chrétien transformé en
sanctuaire mahométan, on reporte sa pensée
sur les mosquées d'Espagne changées en cathé-
drales. On songe à ces luttes à peine apaisées
entre catholiques et musulmans, et si l'on cherche dans le Coran l'explication de tout ce sang
versé, on est frappé de voir combien le livre
de Mahomet diffère peu de la Bible. Que manque-t-il aux chrétiens pour être musulmans ? que
manque-t-il à ces derniers pour être dans le
giron de l'Eglise ?

Mahomet admet le Pentateuque et l'Evangile,
à la condition, il est vrai, que la *Distinction*,
son Coran, soit admis aussi comme livre révélé.
Certes il n'est pas dégoûté, mais convenons
qu'il fait les premiers pas pour rapprocher les
distances.

L'annonciation angélique, l'immaculée con-
ception de Jésus, sa mission, sa nature divine,
ses miracles, le rôle de ses disciples, la cruauté
des juifs, tout l'Évangile, en un mot, se trouve
dans huit versets du Coran (ch. III, 40 à 47).

Le prophète n'admet pas même la mort de
Jésus; il ne veut en lui rien d'humain.

« Ils n'ont point cru à Jésus, dit-il, ils ont
« inventé contre Marie un mensonge atroce. Ils
« disent : Nous avons mis à mort le Messie,
« Jésus, fils de Marie, l'envoyé de Dieu. Non,
« ils ne l'ont point tué, ils ne l'ont point cru-
« cifié ; un homme qui lui ressemblait fut
« mis à sa place..... Dieu a élevé Jésus à
« lui. »

Ce que Mahomet n'admet pas, ce sont les
mystères nouveaux et les images.

Alors pourquoi les protestants ne sont-ils pas
Turcs ?

A toutes nos questions il y aurait, je le sais,
beaucoup à répondre, aussi je ne les écris que
pour faire ressortir le peu de différence qu'il y
a entre les croyances des peuples et demander
si ces différences valent qu'on se tue si fort pour
elles.

Lundi 25 mai.

La journée se passe au grand bazar à faire
des acquisitions de toutes sortes. Ce quartier
couvert de voûtes ogivales, soutenues parfois
au centre par une ou deux rangées de colonnes
serrées, a des aspects fort curieux que la foule
aux mille couleurs rend encore plus étranges.
Des perspectives fantastiques se succèdent, laissant le visiteur émerveillé de la variété des
courbes et de l'entrecroisement incessant des
colonnades. La lumière traverse ces espaces
encombrés de détails d'architecture pour aller
frapper sur de riches étoffes, sur des vases de
Perse ou des babouches de Smyrne. En d'autres
endroits on voit briller dans l'ombre des sabres
de Damas garnis de pierreries, des armures de
Zeibeck, de vastes braseros de cuivre luisant,
des harnais couverts d'or, le tout étagé, super-
posé, pêle-mêle, grimpant en pyramides fulgu-
rantes jusqu'aux chapiteaux. Et devant ces amas
de richesses un peu voyantes et souvent fausses,

les marchands turcs assis, graves, indolents,
se faisant prier pour céder ces trésors, vendant
par complaisance ; les marchands juifs au contraire provoquants, sémillants, criards et acca-
pareurs.

Chaque rue a ses boutiques spéciales ; au
centre, sous les colonnes, se tiennent des
marmitons ambulants qui débitent toutes sortes
de comestibles. Les vendeurs de poissons frais
ont adopté la rue aux orfèvres ; or, en voyant
les reflets métalliques des sardines fraîches et
étincelantes, des rougets de corail, des dorades
brillantes, on ne sait plus si les bijoux et les
pierres précieuses sont sous les vitrines des
orfèvres ou dans les paniers des pêcheurs.

C'est une affaire compliquée que d'acheter un
objet quelconque. On est loin de la rapidité et de
la commodité des magasins à prix-fixe. Le marchand demande un prix, cent piastres par exemple. On en offre dix. On se dispute un peu et l'on
s'en va en colère sans avoir rien conclu. Le vendeur court après vous, vous fait revenir à sa boutique, rabat quelques piastres et se remet à faire
de l'éloquence au sujet de sa marchandise ; l'ache-
teur de son côté se laisse convaincre en partie,
ajoute piastre sur piastre et finit par offrir vingt

piastres ; mais comme le marchand est inexora-
ble, le client se retire de nouveau. Alors le bou-
tiquier se précipite pour la seconde fois à la
poursuite de sa victime, lui fourre dans la poche
l'objet marchandé et reçoit les vingt piastres
avec des larmes de reconnaissance.

Et cela ne se fait jamais autrement, quelle
que soit la quantité de souvenirs qu'on achète et
à quelque marchand qu'on s'adresse.

Le lundi il y a toujours beaucoup de monde
au bazar. Chaque rue qui sépare ce quartier du
pont de Galata est affectée à un marché particulier. Deux murs hauts et sombres forment une
rue étroite où se tient le marché à la viande ; on
circule dans l'obscurité entre deux rangées de
cadavres de moutons et d'agneaux qui pendent
saignants le long des murailles noires. Puis on
aboutit sans transition à la rue aux fleurs pleine
de verdure et de bouquets, de là au marché aux
légumes qui mène au marché aux fripiers où les
habits éclatants s'étalent au grand soleil autour
de la mosquée de Soliman.

Le pont de Galata regorge d'un peuple sombre, couvert de tarbouchs écarlates. Le costume
actuel des Turcs a laissé loin de lui les étoffes
bigarrées du temps des Janissaires ; un Osman-

lis ne ressemble plus qu'à une bouteille noire bouchée de rouge. Une foule turque est un océan de pains à cacheter sur lequel naviguent les cavaliers et les hautes charges des hamals. Çà et là, le turban d'un hadji en robe fourrée ou un groupe de femmes voilées de blanc font des taches brillantes comme des nénuphars perdus dans la vase.

Mardi 26 mai.

Nous prenons le bateau qui part pour Brousse.

Avant de nous laisser monter sur le navire, un employé de la douane demande à visiter nos modestes bagages. Est-ce que le gouvernement ottoman redoute l'exportation des produits de Stamboul ? Pourquoi cette visite à la sortie ?

Pourquoi ? — Pour que l'employé puisse demander un bakchich. Quand on le refuse il visite un sac de nuit et en pétrit le contenu de ses doigts crasseux ; si après cette leçon on refuse encore, il en bouleverse un second ; si on s'obstine, il demande à voir les gibecières, palpe les poches, etc. Voilà pourquoi il y a une douane à la sortie de Constantinople. Il faut bien que les douaniers vivent, le gouvernement ne les paie que quand il a de l'argent, c'est-à-dire jamais.

Le bateau longe les îles des Princes, les côtes de l'Asie et ne tarde pas à arriver dans le golfe de Gemlek, où nous débarquons au port de Moudania.

Au fond du golfe le Mont-Olympe, couvert de

neige, nous apparaît avec une netteté saisissante.

A Moudania nous prenons un carrosse turc. Pour avoir une idée de ce véhicule il faut remonter dans les souvenirs de Louis XV ou Louis XIV. Caisse arrondie garnie de vitres de tous les côtés, ornements rouges, blancs, bleus et de l'or partout. Quatre ressorts à la française, recourbés et chancelants, supportent l'instrument de supplice. Car il ne faut pas s'y tromper, ce n'est pas pour son plaisir que l'on va dans ces machines-là. Encore s'il y avait...., que dis-je !... s'il n'y avait pas de chemin !

Il est évident que les routes tracées par les pieds des chevaux sont beaucoup moins unies qu'un champ labouré, et l'on ne peut se faire une idée de la manière dont on est secoué dans ces vieilles guimbardes, qu'en pensant aux grains de poivre enfermés dans un flacon anglais percé de petits trous, et se figurant juste le moment où l'on se sert du flacon anglais pour saupoudrer un ragoût.

Pourtant par ces routes-là les voitures turques ne versent jamais, à cause de la grande habitude qu'elles ont de ces chemins ; une calèche française s'y briserait vingt fois pour une.

A l'intérieur la forme ronde a pour effet qu'on ne sait dans quel sens s'asseoir ; il est vrai qu'on est si peu assis ! Une sorte de baldaquin en soie pend au plafond ; il est bordé d'une frange en bois ; le cliquetis sur les vitres souligne chaque cahot, comme si le voyageur n'était pas assez averti, par les secousses violentes, de l'excellent état des chemins.

Notre cocher doit être quelque Druse sans ouvrage. Figure énergique, jambes nerveuses et nues, tarbouch allongé entouré d'un foulard, gilet rose lacé dans le dos, ceinture énorme en cachemire dont les plis se contournent depuis le dessous des hanches jusqu'au menton. Une ceinture de Zeibck (paysan de Brousse) est tout un monument, chaque étage a sa fonction : à l'un le mouchoir dans lequel on ne se mouche jamais, à l'autre la bourse, ici le tabac, plus haut le sabre, là les pistolets, une place pour la cartouchière, une autre pour la baguette à charger enrichie de chaînettes d'argent. La poitrine d'un indigène de l'Anatolie est une armoire ambulante.

Le conducteur se met très-peu sur le siège, il court a côté des chevaux et quand la voiture penche trop il la soutient. A la descente il se place devant le timon, entre les deux bêtes, ses pieds font frein sur le sol et c'est lui qui retient chevaux et carosse.

En quittant Moudania nous longeons la plage du golfe ; les roues trempent un peu dans la mer, car le chemin est meilleur sous l'eau ; puis nous commençons à monter à travers les bois d'oliviers et les plantations de mûriers. Il y a beaucoup de sources et les petits paysans vêtus de couleurs vives nous apportent des tasses pleines d'eau fraîche ou nous jettent de jolis bouquets. Nous aurions tort de croire à une ovation de leur part, c'est une simple affaire de bakchichs.

De temps à autre un contour nous découvre l'horizon ; la vue glisse sous l'ombre des vieux noyers et va se perdre sur la mer bleue.

A force de monter nous arrivons au sommet des montagnes qui séparent l'immense vallée de Brousse du golfe de Gemlek.

C'est ici que le plaisir commence dans toute son intensité. Le conducteur sans pitié pour la voiture, sans pitié pour les chevaux, sans pitié pour nous, ses victimes spéciales, s'élance au grand galop par des descentes insensées.

Nous ne tenons plus en place ; nous dansons

comme des oies sur des plaques brûlantes, et, semblables à ces pièces d'argent que les enfants jettent en l'air, tantôt nous tombons *pile* et tantôt *face*, tantôt de biais, tantôt *sur champ*, tantôt sur le dos, tantôt sur le nez. Nous exécutons, bien malgré nous, toutes les contorsions des derviches hurleurs, *la illa, ili Allah !*

A un cahot nous voilà projetés contre le plafond ; je me fais une bosse énorme à la tête ; Stop qui est plus grand passe à travers le couvercle. Il y a eu, du coup, un trait cassé. Le cocher le ramasse, nous le jette dans la voiture et repart au galop. On ne s'arrête pas pour si peu.

Et en avant les derviches sauteurs, *la illa, ili Allah !*

Nos bagages que l'on a enfermés avec nous, se mettent de la partie et entreprennent de nous massacrer en se jetant à notre tête ou en tombant sur nos jambes.

Allons, bon ! Voilà le fond de la voiture qui tombe ! Nous sommes forcés de nous tenir en équilibre sur les traverses ; comme c'est commode ! Pourvu que le cocher ramène à Brousse quelques bribes, quelques détritus de son carrosse et nous avec, morts ou vifs, c'est tout ce qu'il demande. Et en avant les derviches, *la illa*; rien ne l'arrête, fossés, rivières, rocher, tout est franchi lestement, *ili Allah !*

Enfin nous arrivons à Brousse, dont nous apercevons déjà depuis longtemps les antiques mosquées noyées dans les grands arbres, au pied du Mont Olympe.

Après dîner, impatients de voir la ville, nous parcourons une des rues principales au milieu de l'obscurité de la nuit. Nous allons presque à tâtons. Tout d'un coup nous nous trouvons dans un quartier illuminé ; ce sont les Juifs qui sont en liesse ; il se trouve qu'ils célèbrent une de leurs fêtes. Devant chaque fenêtre est une lampe suspendue au plafond et, au-dessous de la lampe, un homme ou un enfant chante des cantiques d'un ton nasillard. Ces fenêtres éclairées qui empiètent sur la rue, se dépassant les unes les autres à mesure que les étages s'élèvent, ces effluves de mélopées religieuses qui sortent des maisons, ces lueurs qui jaillissent des carrefours et se répercutent sur les vitres environnantes, ces perspectives fantastiques mêlées de coins sombres et d'angles lumineux, ces gens convaincus qui chantent et prient dans la nuit, tout cela nous impressionne et, seuls passants à ces heures

indues, nous traversons pensifs ce quartier resplendissant, bruyant et austère.

Nous continuons encore notre chemin par les
rues noires, n'entendant que le bruit de nos pas
ou le murmure d'un ruisseau rapide qui lave le
milieu de la voie et nous sert de guide pour ne
pas nous perdre.

Où allons-nous? Nous l'ignorons. Nous montons, c'est tout ce que nous savons, puisque le
courant du ruisseau qui nous dirige par son doux
babil va du côté de notre logis.

Fatigués de marcher ainsi sans rien voir,
nous renonçons à aller plus loin, lorsque des
bruits de guitare et de tarabouks, des chants
joyeux et rhythmés nous attirent encore plus loin
et nous mènent jusqu'à un café où de gais com-
pères fument le narghiléh au bruit monotone
des chansons turques. Notre présence électrise
les virtuoses et le concert s'anime.

Nous prenons du café et ce n'est pas sans
quelque difficulté que nous recevons la monnaie
d'une grosse pièce que nous avions donnée; le
maître de l'établissement voulait à toute force
nous faire croire que notre intention était de
donner vingt francs d'étrenne au garçon; mais
nous ne nous laissons pas persuader et, au ris-

que de paraître très-peu grands seigneurs, nous nous faisons rendre piastre par piastre la totalité de ce qui nous revient. Oh! que de pourparlers pour retirer l'argent qu'on a une fois abandonné! Il y a un moment où je me suis demandé si nous n'étions pas de véritables voleurs en voyant les cris que poussait ce malheureux cafetier, dépouillé sou à sou de la monnaie qu'il nous devait.

Aussi ce n'est pas sans remords que nous avons quitté l'établissement et repris notre ruisseau conducteur; quand nous entendions quelque bruit derrière nous, nous pensions que notre vendeur de café avait averti la police du tort que nous venions de lui faire. Et nous nous couchons très-préoccupés de notre mauvais coup.

Mercredi 21 mai.

Nous sommes réveillés par les sons d'un tambour et d'un hautbois. Ce sont des ouvriers qui se rendent au travail musique en tête. On a établi un chantier sous les grands arbres, afin d'améliorer la route qui mène aux eaux minérales ; le vice-roi d'Egypte doit venir faire une saison de bains et il ne faut rien moins que sa présence pour qu'on ait la pensée de faire un chemin. On y travaille tranquillement, sans se presser, en prenant le café et fumant le narghiléh ; les ouvriers causent, rient, chantent ; c'est plutôt une fête qu'une corvée. Il est probable qu'on ne les paie pas, et ils en donnent pour l'argent qu'ils reçoivent. Quant aux conducteurs de travaux et aux ingénieurs, s'ils sont payés, ils n'ont pas besoin de s'occuper pour devenir riches, et si, comme la plupart des employés du gouvernement turc, ils n'ont pas l'espoir de recevoir le moindre émolument, à quoi bon se donner de la peine ? Il vaut mieux faire une bonne sieste qui dure depuis l'aurore jusqu'au soleil couché.

Les bains de Brousse sont célèbres. Il y a sept sources très-abondantes; les unes sont sulfureuses, les autres ferrugineuses et toutes à soixante degrés.

Ces sources bienfaisantes sont espacées sur le flanc nord de l'Olympe, elles sont entourées de vastes chambres de l'époque sarrazine, fort belles d'architecture et fort peu confortables. Quand on veut prendre un bain il faut apporter sa baignoire, comme dans certains pique-niques villageois où chacun apporte son pain. On ne trouve qu'une grande piscine au centre d'une immense salle : c'est là que les baigneurs font en commun une sorte de pot-au-feu humain.

Le chemin qui conduit aux bains est fort pittoresque. Il est animé par les baigneurs et les baigneuses qui vont et viennent à cheval, à âne, en *arabah* (les fameuses voitures) ou à pied, et dont les costumes pittoresques et éclatants font ressortir la beauté du paysage.

La nature des environs de Brousse n'a pourtant rien d'oriental. Les arbres dont les racines trempent dans les sources intérieures du mont divin, donnent une végétation luxuriante qui rap-

pelle celle du Dauphiné : les villages construits
en terre, couverts en tuiles rondes et rouges, se
cachent derrière les mûriers et les grands noyers,
tout comme sur les bords de l'Isère. Qu'on dé-
guise en Turcs une vingtaine de paysans du Gré-
sivaudan et on aura une idée de Brousse.

Seulement, pour compléter l'illusion, il faudrait semer çà et là quelques blanches mosquées
aux dômes arrondis, aux minarets pointus ; il
faudrait avoir en France ces platanes et ces
cyprès monstrueux que l'absence de système
forestier conserve ici ; il faudrait enfin, autour
de chaque source fraîche, établir un café rempli
de fumeurs indolents.

Avec sa situation exceptionnelle, sa plaine
fertile, ses eaux minérales, Brousse devrait être
la ville la plus riche de l'Orient. Il n'y aurait
qu'à tracer quelques routes, à canaliser la rivière marécageuse et malsaine qui arrose la
plaine ; ceci donnerait d'excellentes prairies et
moins de fièvres. Il serait urgent de diminuer
les impôts trop forts pour les ressources des habitants et mal répartis. De cette façon, au lieu
d'un pays exceptionnellement doué qui ne suffit
pas à nourrir ses habitants, on aurait une ville
importante et une contrée prospère.

Nous visitons des mosquées d'un excellent style et des turbés mortuaires ombragés d'énormes platanes et entourés de parterres fleuris.

A l'une des mosquées, le sacristain juge à propos de nous laisser entrer sans quitter nos chaussures ; mais un musulman qui prie dans l'intérieur s'en aperçoit et se met en fureur ; le sacristain l'envoie promener. Nous faisons semblant de ne pas comprendre de quoi il s'agit et tout le temps de notre visite le lieu saint retentit des vociférations des deux croyants.

Ici l'on paraît assez tolérant en matière religieuse, à part quelques dévots hargneux comme on en rencontre dans tous les pays.

Même à l'époque des massacres de Syrie, il n'y eut à Brousse qu'une émeute régulièrement organisée. Quatre ou cinq mille Zeibeks se réunirent dans une mosquée, délibérèrent et arrêtèrent que la filature d'un Arménien construite sur l'emplacement d'un ancien cimetière serait brûlée. Ils se rendirent en bon ordre à l'usine, y mirent le feu et assistèrent flegmatiquement à l'incendie. On le voit, la question religieuse prise pour prétexte était doublée de cette haine que les paresseux et les impuissants ont contre ceux qui font fortune par leur intelligence et leur

travail. Ici les Turcs ne savent rien entrepren-
dre, les Arméniens et les Européens réussissent
et à cause de cela les musulmans détestent les
chrétiens. Le gouvernement ottoman indemnisa
l'Arménien, mais personne ne fut puni.

Une charmante promenade à faire c'est de
parcourir le haut de la ville à travers les escar-
pements pittoresques de la montagne, les cimetières fleuris et les cafés ombragés établis au
bord des bassins pleins d'une eau limpide et fré-
missante. La cité apparaît par échappées
comme un océan de verdure d'où sortent quelques toits rouges, de belles mosquées et de gra-
cieuses collines surmontées de vieilles tours sarrazines. Au loin la plaine s'étend radieuse de
fertilité.

En nous promenant sous les platanes gigan-
tesques qui ornent les vallées de l'Olympe, nous
rencontrons un enterrement arménien qui gra-
vit les sentiers ombreux. C'est le secrétaire de
M. V., le filateur, qui vient de mourir. Les
parents, qui savent que nous ne sommes ni Turcs
ni Juifs, nous engagent à suivre le corps et
nous voilà reconduisant à sa dernière demeure ce
pauvre garçon que nous n'avons jamais connu.

Le prêtre est tout en noir avec une étole violette, les *clergeons* coiffés de leur fez rouge sont vêtus de vert et de violet rehaussé d'or. On chante des cantiques nasillards, mais en arrivant dans le quartier turc, on se tait. La population indolente, poussée par la curiosité, daigne se montrer, les jeunes filles se mettent aux fenêtres et nous nous apercevons que le seul moyen de voir des jolis minois à Brousse, c'est de suivre un cortége quelconque. Nous traversons la ville dans toute sa longueur pour arriver au quartier arménien où les chants recommencent vigoureusement. Les petits clercs chantent avec entrain, d'une voix serrée et glapissante, des airs de bourrée assez guillerets: avec leurs bonnets rouges et leurs rubans verts, ils ont tout à fait l'air d'aller à la noce.

L'église ne diffère en rien des nôtres. A part la manière de chanter et les fez garance que tous les assistants gardent sur leur tête, la cérémonie est toute catholique.

Après la présentation à la chapelle le prêtre monte à cheval et se rend ainsi au cimetière arménien qui est assez éloigné. La terre sainte des chrétiens est toujours reléguée dans la campagne comme une pestilence; quant aux croyants, leurs restes encombrent l'intérieur des villes.

Jeudi 28 mai.

Nous faisons une visite spéciale à l'ancienne mosquée de Yechili-Djami, connue sous le nom de mosquée verte. On y trouve de foit beaux spécimens d'ornementations persanes et arabes. Les faïences, qu'on avait, du reste, à une certaine époque recouvertes d'un badigeon blanc, sont excessivement délicates et tout à fait artistiques.

A côté de la mosquée se trouve le tombeau de Mohammed Ier; il remonte à la même époque; le cercueil est tout en faïence d'une richesse remarquable.

La plupart des mosquées de Brousse ont au centre un bassin de marbre et une fontaine jaillissante. Ce détail d'architecture ne peut avoir sa raison d'être que dans les pays chauds; c'est dommage, car il est charmant.

Nous avons beaucoup de peine à trouver une voiture qui nous reconduise à Moudania le lendemain. Le gouverneur a mis à réquisition tous les carrosses et les chevaux du pays pour transporter le vice-roi de Ghemlek à Brousse. Voilà plusieurs jours que Son Altesse est attendue et que les loueurs de voitures sont au désespoir. Inutile de dire que quand on leur prend leurs véhicules, on ne les paie pas.

Nous retrouvons pourtant notre cocher de l'avant-veille qui s'offre à nous conduire pour le double du prix ordinaire. Nous acceptons le marché et lui demandons des arrhes : c'est l'usage ici. Ce ne sont pas les voyageurs qui avancent le prix de leurs places, ce sont les loueurs qui s'exposent à perdre quelque argent dans le cas où ils manqueraient de parole ; ce qui leur arrive à chaque instant dès qu'ils trouvent un marché plus avantageux. Cela ne s'appelle pas ici *manque de parole*, mais *faire bien ses affaires*.

Pour beaucoup d'Orientaux, *voleur* et *commerçant* sont synonymes. Le meilleur négociant est celui qui trompe le mieux et vole le plus. Ce qui ne veut pas dire qu'il soit déshonorant d'être marchand, mais ce qui établit qu'il est honorable d'être habile filou.

Donc nous demandons des arrhes au cocher. Mais il refuse de les donner, prétextant qu'il n'a pas d'argent. Cette raison m'étonne, car le matin même, nous lui avions payé sa dernière course,

Pour plus de sûreté, nous ne le lâchons pas. La voiture est tout attelée : nous nous faisons suivre par elle pendant que nos emplettes au bazar se terminent.

Ce n'est pas sans surprise que nous voyons tout d'un coup un monsieur gronder en turc *notre* cocher et monter dans *notre* voiture.

Des explications rapides nous apprennent que *par ordre du pacha* cette voiture est à la disposition de ce monsieur, et c'est ainsi engagé que le cocher a fait marché avec nous.

Je comprends parfaitement que le malheureux Zeibek ait préféré louer son carrosse pour quarante francs par jour plutôt que d'obéir au pacha sans espoir d'indemnité. Mais je ne comprends pas le système assez féodal qui autorise ainsi le chef d'une province à intervenir dans les affaires particulières des loueurs de voitures et à disposer de leur matériel non-seulement pour le vice-roi d'Egypte, mait simplement pour un de ses amis, à lui, le préfet de l'endroit.

Et comment en serait-il autrement? Le pacha réunit le pouvoir administratif et le pouvoir judiciaire; il n'est, par conséquent, justiciable que de lui-même et il n'y a qu'une chose de remarquable dans tout cela, c'est qu'avec un semblable système les pachas ne soient pas plus odieux.

Il faut, je le reconnais, des circonstances exceptionnelles pour que le chef de la province se mêle des affaires de ses administrés. Ainsi l'arrivée du vice-roi met tout sens dessus dessous à Brousse. On a chassé des établissements de bain tous les baigneurs, qui étaient venus de très-loin pour leur santé ; et, tant que Son Altesse sera là, il faudra s'attendre à des vexations de ce genre.

Les particuliers lésés ont le droit, il est vrai, de porter plainte devant le tribunal ; mais comme le tribunal est présidé par le pacha, à quoi bon?

Si on le fait, on arrive à ces histoires révoltantes, comme celle du pacha d'Adama qui assiége une usine européenne, blesse, tue les ouvriers, ruine l'industriel, et trouve moyen de laisser le procès fait contre lui durer cinq ans sans solution.

Il faut dire que le sultan veut organiser une magistrature indépendante, on dit même qu'une loi a été promulguée dans ce sens ; mais tout ce qu'on a pu faire c'est de rédiger la loi. Après cet effort, qui a produit le meilleur effet sur les chancelleries européennes, on en est resté là.

Et puis c'est si commode de n'avoir affaire qu'à un homme par province. Une sorte de satrape qui fait ce qu'il veut et auquel on ne demande qu'une chose, c'est de donner tous les ans une somme fixe. Une façon de fermier général installé pour pressurer à sa guise les populations. Tout cela est bien plus simple, on en conviendra, que nos rouages compliqués de répartition d'impôt, d'organisation juridique et de bureaux administratifs. Oui, mais voyez où cela mène : nous n'avons pas de voiture pour retourner à Moudania!

Si nous faisions une révolution?

Il vaut mieux nous entendre avec un autre entrepreneur de transports, qui attend le soir même un de ses arabahs et le mettra à notre disposition au milieu de la nuit.

Vendredi 29 mai.

Départ avant le jour. Heureusement les chevaux sont éreintés et la voiture nous secoue relativement très-peu.

Arrivés au bateau, nous le trouvons encombré de Turcs et de bagages. Non-seulement les soutes sont combles mais sur le pont il y a une couche épaisse de colis et, par dessus, une autre couche de musulmans accroupis, entassés pêle-mêle au milieu des matelas et des couvertures.

Jamais Turc ne voyage sans des monceaux d'étoffes de laine et de coussins, sans une literie des plus compliquées.

Les femmes sont à part sur l'arrière du bateau, autour du timonnier; le brave homme doit se croire en plein paradis de Mahomet. Notez que le compartiment des femmes est caché par une haute cloison, aussi je me demande avec inquiétude si notre pilote n'aura pas quelques distractions. Il est vrai que des femmes qui ont le mal de mer, qui sont vêtues comme des paquets de linge sale, se mouchent dans leurs doigts en mangeant des saucisses vertes, s'accroupissent comme des bestiaux, se..... C'est égal, j'ai bien envie d'être timonnier rien que pour voir.

Il y a à bord un *salon* réservé aux passagers de distinction et aux punaises. Sur le pont se tiennent les basses classes et les insectes plus intimes. Le plaisir de la chasse est un des charmes du voyage.

Parmi les passagers de distinction se trouve le monsieur de notre carrosse, c'est le consul anglais de Varna. Ceci explique pourquoi le pacha use de son autorité en faveur de ce voyageur. Il y a une chose que les Osmanlis craignent presque autant que Mahomet et son Coran : c'est la diplomatie. Le jugement dernier et les légations européennes, voilà les **deux** bêtes noires des Turcs.

Depuis longtemps les puissances étrangères ont pris l'habitude de faire leurs affaires dans les affaires d'Orient. La question de la Turquie est un levier dont les puissances jouent avec beaucoup d'art.

Lorsqu'une personne, le sultan par exemple, trouve qu'on se mêle trop de ce qui le regarde, on lui répond :

— Et la Russie?

Le gouvernement de Stamboul étant, à ce qu'on assure, tombé en enfance, on s'est empressé de lui donner des institutrices de tous les pays. Ces institutrices ont des moustaches et s'appellent des ambassadeurs. Elles lui apprennent à parler l'anglais, le français, l'allemand, lui font faire des pages d'écriture où l'on écrit en grosses lettres moulées *progrès* et *civilisation*, lui enseignent l'art de se bien tenir devant le monde, et quand il n'est pas sage, ses bonnes à culottes brodées lui font peur avec Croquemitaine. — Et la Russie! — lui crie-t-on. Mais quand il est bien gentil, on lui donne du nanan sous forme d'emprunt à vingt-cinq pour cent. Alors le vieil enfant fait des petits palais en carton et laisse ses directrices se chamailler entre elles.

Le consul anglais nous apprend que le vice-roi ne viendra pas prendre les eaux. Ses occupations et sa grandeur le tenant attaché au rivage d'Egypte, c'est son fils qui suivra le traitement à sa place. Son Altesse aurait pu envoyer un de ses beys ou même son valet de chambre, mais l'étiquette avant tout, c'est son héritier qui recevra les douches vice-royales.

Samedi 30 mai.

En Turquie l'instruction est gratuite et obligatoire. Voilà, certes, un beau programme pour un pays qu'on dit arriéré.

J'ai voulu savoir quelle était l'instruction que l'on donnait si libéralement à tous les musulmans et quels étaient les moyens employés pour obliger les enfants à hanter les écoles.

Voici ce que j'ai appris :

L'instruction primaire ici ne consiste pas à savoir écrire. C'est là une science peu recherchée et dont on laisse le soin à quelques Arméniens.

L'instruction primaire ne consiste pas davantage à savoir lire. C'est un talent trop compliqué que de déchiffrer des caractères turcs. Ceux qui le possèdent ont le droit d'en être fiers ; on les appelle *effendis* et on les entoure d'un certain respect mêlé de crainte. Dans le peuple on les croit sorciers.

L'instruction primaire n'apprend pas non plus à calculer Tous les Turcs savent compter de naissance et font sans aucune opération les calculs les plus compliqués sur leurs monnaies qui nous embrouillent, nous, forts en arithmétique. On les ferait bien rire en leur disant d'aller à l'école apprendre à compter.

Qu'enseigne-t-on alors dans les écoles ?

Est-ce la morale ?

Est-ce la politesse ?

Est-ce l'hygiène ?

— Non. Rien de tout cela.

On dresse les petits musulmans à s'asseoir sur leurs talons et à se balancer d'arrière en avant en récitant sur certains modes des versets du Coran arabe dont ils ignorent le sens.

Voilà l'instruction qui est obligatoire !

Mais, qu'on se rassure. Le nombre des malheureux qu'on abrutit de la sorte est très-restreint.

Afin d'obliger les élèves à suivre les cours, on a imaginé de les payer pour ça. Mais comme ce système coûtait trop cher, on a stipulé que chaque école ne prendrait qu'un nombre déterminé de disciples.

Puis, comme on avait besoin de faire des économies, on a supprimé la subvention des élèves ainsi que les émoluments des professeurs. Et il n'y a plus en fait d'auditeurs que les enfants qui se destinent à être prêtres ; on les voit dans les cours des mosquées, à l'ombre des fraîches arcades , travaillant tout seuls pour acquérir cette précieuse science qui consiste à dire en mesure des mots incompris.

Il y a pourtant beaucoup d'écoles à Constantinople, mais, à part quelques cours spéciaux destinés aux effendis, ces écoles sont catholiques, juives, grecques, arméniennes, etc.

Il est même curieux de voir, le dimanche, les vigoureux hamals de l'Arménie assister en foule compacte aux classes d'adultes qu'on a créées spécialement pour eux

Il se fonde maintenant à Péra, sous l'impulsion de l'ambassade française, une école polytechnique destinée aux Turcs qui veulent vraiment apprendre quelque chose. Les inscriptions sont déjà nombreuses, mais on y voit surtout des noms européens et catholiques.

Les jeunes pachas qui veulent s'instruire préféreront toujours aller en France, où ils s'impreigneront de civilisation matérielle, ce qui leur va bien mieux que l'éducation intellectuelle.

En résumé, on le voit, l'instruction est *gratuite* et *obligatoire* en Turquie, mais convenons que c'est une assez bonne plaisanterie.

Dimanche 31 mai.

On rêve parfois à *la semaine des quatre jeudis*, c'est le symbole de l'impossible.

A Constantinople, où il faut s'attendre à tout ce qui est étrange, il n'y a pas de semaine qui n'ait au moins *trois dimanches*.

Le vendredi est le jour de repos des musulmans, partant point d'affaires ce jour-là.

Le samedi est le sabbat des juifs. On chôme par conséquent.

Le dimanche étant la fête des chrétiens, on se repose.

La paresse orientale s'accommode fort bien de cette fusion religieuse, et cette tolérance réciproque, cette touchante unanimité des Églises diverses à sanctifier par le *far niente* le saint jour de chacune, fait voir jusqu'où peuvent aller les concessions que les populations savent se faire quand il s'agit, pour ne pas choquer son voisin, de cesser tout travail et de s'ébaudir le plus possible.

Or c'est aujourd'hui dimanche ; en route donc

pour quelque endroit enchanteur où la journée puisse se passer gaiement !

Il y a dans la mer de Marmara un groupe d'îles que les Levantins ont adopté. Ils y ont fait construire des villas luxueuses, et nous profitons des nombreux navires qui s'y rendent aujourd'hui pour y faire une excursion.

Un bateau à vapeur couvert de passagers en grande toilette nous entraîne du pont de Galata aux *îles des Princes* — c'est le nom du groupe.

La mer est un peu méchante et les belles dames, malgré leurs fraîches toilettes d'été, sont malades à faire pitié. Mais on va bien s'amuser ; on va jouir des grands ombrages, voir la campagne variée et pittoresque, se reposer auprès des sources vives, rire, chanter, danser peut-être.

Quelle déception !

Hélas ! Jugez plutôt.

Après deux heures d'une traversée pénible, on nous débarque sur un rocher aride, parsemé de quelques maisons blanches brûlées du soleil.

C'est là que les riches négociants de Péra viennent se délasser de leurs fatigues commerciales.

Sur ces îles enchanteresses, il n'y a ni eau, ni verdure. Un vent terrible détruit toute végétation. Le terrain y est pourtant très-recherché et se vend aussi cher qu'à Paris. On comprend en effet l'empressement que l'on doit mettre à acquérir un lopin de rocher dans un pays inaccessible où l'on respire une brise à déraciner les arbres.

Depuis la guerre de Crimée les fortunes se sont faites facilement à Péra ; Abdul-Medjid, le Louis XV de la Turquie, se sentant tranquille et protégé, s'est passé toutes les fantaisies possibles, surtout les plus coûteuses. Sans le système commode des emprunts, il eût fait banqueroute. Mais quels emprunts ! à vingt pour cent, payables en papier discrédité, remboursables à six mois *en or*, plus une commission.

Il ne faut pas se le dissimuler, c'est de là que date la déroute financière de l'empire ottoman.

Mais aussi de nouvelles villas se construisent de tous côtés aux îles des Princes. Et au train où vont les choses, il y a encore de beaux jours pour les vendeurs de rocher dans cet archipel dénudé.

En nous rendant à ces tristes îles nous rencontrons au milieu de la mer un malheureux caïq qui ne peut lutter contre la tempête. Poussé par le vent et les courants, il y a perdu les eaux plus tranquilles du Bosphore, et les gens qui le montent jettent des cris désespérés. Voilà un des inconvénients de ces rapides et élégantes embarcations, c'est qu'elles sont à la merci du moindre caprice des flots.

Notre bateau va au secours de ces malheureux nautonniers que la détresse a rendus verts. Le caïq est surchargé de matelas, de coussins, de corbeilles, de grosses malles vertes enjolivées de fleurs jaunes et rouges ; tout un déménagement. Or nous apprenons que la pauvre femme qui déménage ainsi allait, tout simplement passer deux jours de l'autre côté du détroit ; un sac de nuit aurait dû suffire.

On essaye de remorquer la barque, mais les vagues déjà pénibles pour notre propre navire menacent d'engloutir le frêle esquif. On crie beaucoup dans le caïq et encore plus sur le bateau. Bref, on hisse tant bien que mal sur le pont la voyageuse, on prend quelques caisses et l'on abandonne les rameurs avec leur barque. On a fait la part de l'eau, comme dans les incendies on fait la part du feu, et nous reprenons notre route à toute vapeur.

Au retour, pour éviter le vent, nous longeons les côtes de l'ancienne Calcédoine, sur la terre d'Asie. C'est un pays fort gracieux et très-bien cultivé.... par des Arméniens naturellement.

Lundi 1er juin.

Lorsque l'on ne sait pas la langue du pays que l'on parcourt, l'usage est de s'adjoindre un interprète qui en même temps vous sert de guide, de conseil et d'homme d'affaires.

J'ai constaté, à plusieurs reprises, que dans les pays orientaux et méridionaux les *drogmans* sont des suplerfluités, et, qui plus est, des inconvénients au voyage. Si l'on se trouve au milieu d'un peuple froid, peu communicatif, il est, j'en conviens, impossible de se faire comprendre et de comprendre les autres à moins de parler tant soit peu le langage des indigènes, mais en Orient une pantomime vive et animée est tout ce qu'il faut ; c'est Paul Legrand ou Débureau qui devraient s'établir professeurs de langues orientales, et du même coup on saurait l'arabe, le turc, le syriaque, le caldéen, le copte, le grec, l'italien, etc., etc.

Pour ma part j'ai découvert un mot arabe et un mot turc qui, de même que le *goddem* de Figaro est le fond de la langue anglaise, peuvent être considérés comme l'*alpha* et l'*oméga* de la langue sacrée et de la langue usuelle des Stamboulois. Le mot arabe est : LAH ! probablement un diminutif d'Allah. Le mot turc se prononce en retirant le souffle et frappant la langue contre les dents ; c'est une sorte de DZ aspiré qu'on répète plusieurs fois de suite, cela veut dire tout ce qu'on veut et en s'en servant on est toujours compris.

Exemple : On a à se plaindre de quelque chose, un objet qu'on veut acheter est trop cher, un mets est mauvais, un portefaix est malhonnête.

— Dz, dz, dz !

Et aussitôt l'interpellé offre un rabais, remporte le plat ou fait des excuses.

Autre exemple : On est enchanté d'un cadeau, ravi d'un point de vue, ou désireux de faire une promenade.

— Dz, dz, dz !

On veut dire : non.

— Dz !

On veut dire : oui.

— Dz !

Et l'on parle ainsi sans peine le turc le plus pur.

Par exemple, un jeu de physionomie explicatif est indispensable. Un texte de la sorte demande à être annoté et les grimaces doivent aller leur train.

Ainsi point de drogman qui prélève sa commission sur tout ce que vous achetez, qui vous montre avec grand étalage de connaissances ce dont on n'a que faire et vous fait manquer ce qu'on voudrait voir.

Pourtant aujourd'hui je suis pressé, demain j'ai quelques emplettes à faire, et pour aller plus vite en besogne je me flanque d'un drogman et je pars à la recherche de babouches et d'instruments de musique. Ce sont les deux genres d'objets intéressants qui me manquent dans mes souvenirs de voyages; je rêve surtout d'avoir un de ces petits violons microscopiques qui se tiennent comme des violoncelles, et n'ont que trois cordes, dont une seule fait le chant.

Mon homme me promène dans tous les quartiers de la ville sans que je puisse rien trouver de ce que je désire. J'y renonce. Je vais déjeuner et après le repas, je vois arriver mon guide triomphant. Il n'a pas de babouches, mais il a un violon; — soixante francs — c'est pour rien. Le marché se conclut et un bon bakchich récompense le drogman de la peine qu'il s'est donnée.

Comme c'est lundi aujourd'hui, jour choisi de préférence pour les achats au grand bazar, j'y vais faire un tour, et par un hasard singulier j'y trouve des monceaux de babouches et des boutiques de luthiers remplis de charmants petits violons incrustés de nacre — à dix francs pièce.

Mon drogman m'a donc coûté au moins cinquante francs et toute une matinée perdue.

Chaque ambassadeur a ici un *cavas*, sorte de suisse ou chasseur armé, vêtu richement et qui tient le milieu entre l'aide-de-camp et le commissionnaire.

Celui de l'ambassade de France a été mis aujourd'hui à notre service. Il s'agit en effet d'une grave affaire. Nous avons une caisse d'objets divers à mettre au bateau des messageries, et pour éviter la douane de sortie qui casse, déchire, dérange les effets bien emballés, on nous a mis sous l'escorte du noble cavas, qui fera passer notre caisse à travers tous les obstacles.

Le cortége se met en marche, le cavas en tête resplendissant d'or et d'armes précieuses, ensuite le lourd colis porté par deux solides hamals ; enfin Stop et moi.

Arrivé à la douane, le cavas fait ouvrir la caisse. J'avais cru que sa présence n'était motivée que pour éviter ce désagrémént, c'était une erreur ; on ouvre la caisse.

Notre protecteur, qui ne dit pas un mot de français, nous fait signe de donner un bakchich à l'employé qui a ôté le couvercle, mais sa pantomime ajoute que le pourboire doit être donné en cachette, afin que les employés supérieurs ne s'aperçoivent de rien. Le bakchich est donc donné en *à partè*.

Arrive un second employé orné d'un hausse-col.

Le cavas nous fait comprendre, qu'à celui-là il faut remettre un gros bakchich — toujours en cachette.

Le bakchich — assez important — est donné dans une poignée de mains.

Alors s'avance d'un pas grave un troisième employé affublé d'un grand sabre.

Troisième bakchich à donner, encore plus considérable et toujours avec le plus profond mystère.

Enfin on ferme la caisse, mais sans y apposer aucune marque qui indique qu'elle ait été visitée. Un quatrième employé montera dans la barque jusqu'au navire en partance et c'est là qu'un quatrième bakchich lui sera remis, toujours à la dérobée.

Nous subissons avec patience ce soutirage monétaire, mais un détail, futile au fond, nous fait perdre le sang-froid.

Les bateliers de la douane demandent un prix exorbitant pour nous mener la caisse à bord. Nous parlons d'aller chercher un caïq dont nous connaissons les prix, mais les caïqs de louage n'ont pas le droit d'amarrer à la douane. Nous voilà fort en colère. Les douaniers cherchent à nous apaiser et ceux qui ont reçu de notre argent nous frappent dans le dos pour nous calmer, juste comme on fait aux petits enfants affligés de la coqueluche.

Alors le rire nous prend et nous entonnons, sur l'air de *la Vie Parisienne* d'Offenbach :

Le douanier t'a tappé dans le dos (ter).

Donc, bakchichs aux bateliers, bakchichs aux hamals, bakchichs à ceux qui referment la caisse, bakchichs à ceux qui la montent à bord, sans compter les autres.

Quant au cavas, le service qu'il nous a rendu ne peut se reconnaître qu'avec de l'or et beaucoup d'or.

Je me demande ce que cela nous aurait coûté si nous n'avions eu aucune protection. Un petit pourboire au premier employé, et tout était dit.

Voilà ce que c'est que de jouer à l'attaché d'ambassade.

Mardi 2 juin.

Départ pour Varna. Le temps est splendide. Il semble que Constantinople ne nous ayant montré que des jours brumeux, regrette sa manière d'agir avec nous et redouble ses séductious pour nous retenir.

Nous sommes déjà sur le bateau qui doit nous faire traverser la mer Noire. Les lenteurs de l'appareillage nous permettent d'admirer l'animation infinie du port, les caïqs éclatants se croisant en tous sens, les lourds *télémaques* à la poupe relevée, poussés par vingt rameurs armés de longs avirons qu'on manœuvre par un mouvement des plus fatigants : le rameur monte trois marches et se laisse retomber au fond du bateau de tout son poids ; il lui faut pour donner cent coups de rames, gravir deux fois la hauteur de la tour de Galata ; ces bateaux sont couverts de passagers ; ce sont, avec les nombreux steamboats du Bosphore, les omnibus de Constantinople.

Dans l'eau transparente de la Corne d'Or se

promènent des quantités de méduses argentées ;
on dirait un bain de diadèmes. Les courants dessinent des zones bleu foncé ou vert tendre, décrivent des courbes irisées tantôt foncées, tantôt
bouillonnantes, tantôt calmes et huileuses. Les
costumes rouges, blancs, jaunes des bateliers
font opposition à ces teintes d'émeraude et de
saphir liquides.

Les rives, vigoureusement éclairées par le soleil
du soir, étalent aux yeux leurs jardins sombres,
leurs maisons bariolées ; et sur chaque colline
resplendit une mosquée blanchie, mamelonnée,
surchargée de dòmes brillants d'où jaillissent les
minarets étincelants. Çà et là flotte l'étendard
rouge de la Turquie. On dirait la fin d'un acte :
tous les acteurs vivants ou inanimés de cette
scène orientale semblent redoubler de zèle comme
si le rideau allait tomber et comme s'il fallait
chauffer la fin de notre séjour. Hélas! ce n'est
au contraire que le commencement de ce drame
resplendissant que la nature joue au Bosphore
pendant la belle saison, et nous voyons que nous
sommes venus trop tòt, « devant que les chan-
delles soient allumées. » La toile se lève et nous
partons !

Le navire va lever l'ancre. Mais on arrête

la manœuvre, car une flottille de caïqs surchargés de femmes turques s'avance à force de rames ; c'est tout un sérail qui arrive ; on dirait un couvent qui émigre. A grand'peine on hisse sur le pont toutes ces femmes maladroites dans leurs amples vêtements et l'on s'apprête à partir. Ce que voyant les odalisques poussent de grands cris, car il paraît qu'elles n'ont pas du tout l'intention de s'embarquer : elles sont venues à bord simplement pour dire adieu à l'une d'elles qui va à Varna, et la séparation est déchirante.

On reconnaît parmi ces femmes les différents rangs de chacune, quoique tous les costumes soient identiques de simplicité. Il paraît que la voyageuse est une grande dame et ce sont seulement ses égales qui l'embrassent ; les amies moins haut placées lui baisent la main et les femmes suivantes portent à leurs lèvres le bas de sa robe de laine bleue. Toutes paraissent avoir un désespoir immense. Une négresse surtout paraît inconsolable, elle inonde de ses pleurs son manteau jaune et se prosterne, je ne dirai pas aux pieds, mais sous les pieds de sa maîtresse.

Enfin les gens de l'équipage font accélérer ces scènes de sentiment et les femmes se rembarquent dans leurs caïqs mal équilibrés. Ce qui

me frappe, c'est que sur l'échelle même du bateau la douleur paraît les quitter subitement ;
les rires et les gais propos jaillissent de ces lèvres qui n'exhalaient à l'instant que des san-
glots. La négresse se dispute violemment avec
un caïgi qui a failli la laisser choir dans l'eau.
Tout ce grand chagrin si bruyamment exprimé
n'était qu'une affaire de politesse.

La noble voyageuse regarde ses compagnes
d'un œil indifférent ; elle paraît ne penser à rien
du tout.

Nous partons, et les deux rives du Bosphore
se déroulent à nos yeux émerveillés cette fois.

La lumière éclatante des soirs d'Orient nous
fait admirer cette succession non interrompue
de palais, de villas, de jardins étagés, de vallons
ombreux.

A gauche, en Europe, c'est Orta-Keuï, aux
beaux palais ; Arnaout-Keuï, dont les maisons
habitées par des Grecs n'ont pas les fenêtres
grillées ; Bebek, rendez-vous des caïqs. Après
un pittoresque cimetière qui présente jusqu'au
bord de l'eau ses tombes richement dorées et
gracieusement enluminées de rose, de bleu ou
de vert, la vue s'arrête sur les vieilles fortifications turques de Roumili-Hissar, — le château

d'Europe, comme on dit ici ; c'est le point caractéristique du·Bosphore ; ce cap crénelé, qui rétrécit le détroit, est en quelque sorte la porte
de la Turquie du côté de la Russie. C'est là que
la mer fut traversée par l'armée de Darius, lors
de la guerre des Scythes, là que passèrent les
Dix mille, puis plus tard les Croisés, et enfin
les Turcs. Toujours du coté de l'Europe, Balta-
Liman, aux belles promenades ; Stenia, village
chrétien ; Yeni-Keuï, dominé par des vignes et
des bois de pins ; Therapia, aux terrasses splendides, séjour des ambassadeurs de France et
d'Angleterre ; Buyuk-Déré, que nous avons déjà
visité. Alors la rive s'escarpe et devient triste
et sévère, la mer Noire s'annonce ; on ne tarde
pas à voir le fort de Teli-Tabia construit sur
l'ancien emplacement d'un temple de Serapis
élevé par les Byzantins, et le fanal d'Europe
établi sur les roches Symplegades franchies jadis
par Jason.

La rive d'Asie, moins intéressante, nous offre
Scutari qu'on laisse à droite, Beylerbey-Keuï
orné d'une sorte de grand couvent jaune qui veut
être un palais ; Tchengel-Keuï au kiosque impérial, l'embouchure des eaux douces d'Asie, où l'on
va s'ébattre le vendredi et le dimanche ; Ana-

douli-Hissar,—le château d'Asie,—qui fait face à Roumili-Hissar ; Bey-Koz, où les flottes anglo-françaises se sont réunies avant d'entrer dans la mer Noire ; Hunkiar-Iskeleszi, — mot à mot l'échelle du tueur d'homme,—ainsi nommé parce que les sultans ont toujours affectionné sa vallée verdoyante ; un affreux château moderne, perché sur des terrasses arides, y a été construit et offert au sultan par Méhémet-Ali ; enfin la montagne du Géant, où l'on voit l'empreinte énorme d'un pied gigantesque qui, selon les traditions variées, est celui d'Ajax, de Josué ou d'Hercule ; c'est tout simplement un tombeau creusé dans le roc, peut-être celui d'Amycus tué par Pollux. Je remarque sur un petit promontoire une façon de menhir qui doit être aussi un tombeau.

Tous ces aspects seraient vraiment charmants si le haut des montagnes n'était pas dépourvu de végétation ; ces monts au front chauve attristent le paysage. Les confortables habitations couchées à leurs pieds font encore plus ressortir l'aridité des sommets tout en complétant l'impression : en bas *indolence*, en haut *incurie*. La Turquie n'est-elle pas toute entière dans ces deux mots ?

La mer Noire me paraît noire.

Ce n'est point un effet d'imagination; des brouillards gris-sombre la couvrent et donnent à l'eau une teinte lugubre, d'autant plus saisissante que nous sortons du Bosphore resplendissant. Parfois, nous dit-on, la mer Noire est lumineuse lorsque les clartés de l'Orient envahissent les brouillards de la Russie; mais, le plus souvent, les brumes cosaques prennent le dessus et démontrent que cette mer sombre tient à la froide Russie.

Pont Euxin, disaient les anciens, *mer hospitalière*; les anciens étaient très-farceurs; nous avons aujourd'hui même la preuve que ces eaux ne sont pas des plus commodes, et par prudence je me couche au plus vite.

Mercredi 3 juin.

Nous nous réveillons dans le port de Varna.
Du moins on nous l'assure et nous l'admettons
de confiance, car des brouillards intenses nous
empêchent de voir la ville, et la mer est si agitée
qu'on ne se croirait pas dans un port, preuve
que le mouillage n'est pas excellent.

Peu à peu l'air se dégage et des barques nous
conduisent sur le quai, où des voitures nous attendent pour nous mener à la gare. Nous allons
prendre un *chemin de fer turc*, c'est cocasse !
Il est vrai que ce sont des Anglais qui ont construit la ligne de Varna à Rutschuk, de la mer
Noire au Danube.

Arrivés à la gare nous apprenons qu'il y a
cinq heures d'arrêt. Pour utiliser cette attente
nous retournons sur nos pas afin de visiter la
ville, qui ne vaut pas vraiment l'honneur d'une
visite. Le cimetière est assez curieux, en ce sens
qu'aucune tombe n'est sculptée, pas même dé-
grossie ; les pierres brutes plantées droites donnent une idée des menhirs de la Bretagne. J'avais
déjà remarqué dans la vallée de Brousse des en-

ceintes en forme de cromleck sur des tombeaux qui loin d'être de l'époque antéhistorique n'ont pas cinquante ans.

Le buffet de Varna donne une idée très-exacte de la confusion des langues à la tour de Babel; on ne sait en quelle langue s'adresser aux garçons de service, lesquels ne savent en quel idiome vous répondre; en effet, les voyageurs sont anglais, français, russes, turcs, grecs, valaques, serbes, hongrois, autrichiens, etc. Les gens de service parlent des patois impossibles. A part la pantomime qui est toujours notre grande ressource, c'est l'italien qui se comprend le mieux, en effet toutes ces races ont plus ou moins parlé un latin dont l'italien est le reflet.

Au moment où nous allons monter dans le train, nous nous apercevons que nos bagages ne sont pas chargés. A mes réclamations on répond qu'ils ne sont pas plombés par la douane.

— Pourquoi les plomber puisque nous sommes encore en Turquie?

— Pour qu'on ne les visite pas à Rutschuk.

— Alors il vaut mieux les faire visiter ici?

— Oui, monsieur, répond l'employé d'un ton gracieux et presque en tendant la main.

— Très-bien, c'est compris. On les visitera au Danube.

Et l'employé fait charger nos bagages en maugréant, ne comprenant rien à ces voyageurs qui ne veulent pas faire vivre les pauvres douaniers disséminés à travers la Turquie.

En quittant Varna, le chemin de fer suit une vallée assez pittoresque ; dans les bas-fonds des troupeaux de buffles paissent parmi les marécages ; les villages nombreux ont un aspect des plus misérables ; chaque maison enfouie dans la terre ne laisse dépasser que son toit fait de paille et de boue ; on dirait une réunion de gros cloportes rampant dans la campagne agreste.

A une station, tandis que je descends un moment, un dignitaire turc s'installe à ma place et ses domestiques encombrent le compartiment de coussins et de paquets.

Je réclame, le Turc s'en moque, et je fais intervenir le chef de train qui démontre au dignitaire qu'indépendamment du Coran qui donne plein pouvoir aux croyants, il y a un certain code de la politesse qui défend aux nouveaux venus de chasser de leurs places les voyageurs déjà établis.

Le Turc paraît ahuri. Toutefois il déménage

sans rien comprendre et se demande, à part lui, si de pareilles énormités n'annoncent pas la fin du monde où, selon Mahomet, les dissidents doivent faire des grimaces atroces, à la grande joie des fidèles musulmans.

A mesure que nous avançons dans la Roumélie, le paysage s'aplanit, les terrains s'étendent, et le train court au milieu d'un océan de blé. Les villages deviennent très-rares et l'on ne sait vraiment qui cultive ces immensités. Il faut dire que les blés ne sont pas superbes et que ce terrain vraiment exceptionnel, puisqu'il donne *tous les ans* du froment à l'Europe entière, et cela sans fumure, ce terrain, dis-je, pourrait rapporter le double et le triple mis en d'autres mains.

Parfois de longs convois de charrettes sillonnent les champs. Les hommes, bizarrement enturbannés de cachemires conduisent les buffles. Les femmes vêtues de blanc et voilées se tiennent debout sur les chars en groupes serrés ; ces cortéges sont silencieux et calmes ; le fatalisme détruit la gaîté : lorsqu'on espère tous les bonheurs dans l'autre monde on s'attend à tous les malheurs dans celui-ci. Il est si facile en suivant le Coran de gagner le ciel, que sa possession devient une certitude pour tous les croyants, et au lieu d'être une compensation à la vie terrestre, c'est pour eux la vie d'ici-bas qui doit être pénible de toutes les joies dont ils sont assurés plus tard. Aussi ils sont tristes et se réservent pour une meilleure occasion.

Le train s'arrête assez souvent, mais aucun voyageur ne descend, aucun voyageur ne monte.

Les habitants de ces contrées auxquels on a fait une ligne ferrée se considèrent comme désintéressés dans la question. Ce n'est guère qu'au moment de la récolte qu'ils trouvent agréable de se débarrasser du blé dont ils regorgent, mais, à part cela, ils ne comprennent rien à ce besoin de locomotion qui nous agite, et tant qu'on ne fera pas un chemin de fer qui mène, au plus court, droit en plein paradis de Mahomet, ils s'obstineront à ne jamais prendre de billets.

Les Anglais ne se sont pas contentés de doter la Roumélie d'un chemin de fer, ils l'encombrent de machines à vapeur locomobiles destinées à remplacer les bras qui manquent pour cultiver le pays. Et voilà comment ce peuple, essentiellement pratique, sait coloniser en Europe sans le secours de combinaisons diplomatiques, avec ce seul levier : le commerce.

Rutschuk est une ville de garnison. Les soldats turcs peuplent les rues.

Une voiture nous conduit à un hôtel de belle apparence, admirablement situé sur le haut d'une falaise qui domine le Danube.

Nous arrivons à Rutschuk très-décidés à nous livrer à de folles orgies. Stop est né le 3 juin 18... et moi le 2 juin 18... — de la discrétion, n'est-ce pas ? — et nous voulons célébrer par un bon dîner ce double anniversaire.

Nous voilà installés devant une table, combinant dans notre cervelle un menu *sardanapalesque*.

— Garçon, avez-vous du gibier ?

— Non.

— Du poisson ?

— Pas le soir.

— Du poulet?

— Non.

Un frisson nous passe par l'estomac ; serions-nous sur le radeau de la *Méduse* et faudra-t-il boire à nos santés en tirant au sort lequel de nous deux sera mangé pour la fête de l'autre ?

— Vous n'avez donc rien à nous servir ?

— Nous avons des fèves.

— Pas de viande ?

— Non.

— Va pour les fèves. Ah! une idée, vous devez avoir des œufs?

— Sans doute.

— Alors vite une omelette et une bouteille de vin de Hongrie.

— Nous n'avons pas de vin de Hongrie, mais nous avons du vin turc.

— Hum!

Après un quart d'heure d'attente, on nous sert une omelette à l'huile de lampe à laquelle nous ne touchons pas, des fèves au parfum violent qu'il nous est impossible d'avaler et un vin étrange dont l'odeur seule désaltère.

Nous quittons donc la table ayant festoyé avec du pain gris et de l'eau bourbeuse.

Dans le jardin de l'hôtel on fait de la musique, et de la musique valaque, qui plus est. C'est une compensation au repas absent. Tout le monde a entendu à l'exposition de 1867, à Paris, cet orchestre bohémien sauvage, fantastique et charmant. Ce genre d'harmonie est ici la musique aimée et populaire. Il faut écouter ces mélodies mineures comme nous le faisons ce soir, au clair de la lune, dans un jardin odorant, au bruissement du Danube qui court sous nos pieds. Le chant du violon s'exhale tantôt comme une plainte, tantôt comme une colère, le violoncelle rhythme ses basses avec acharnement, tandis qu'une flûte de Pan glapit des trilles sautillants et des gammes éplorées. Car ils ne sont que trois, et cet orchestre en miniature suffit pour vous émotionner et vous laisser un souvenir ineffaçable. C'est un rêve noté, un de ces rêves passionnés comme en ont les exilés ou les esclaves, les Bohémiens vagabonds ou les Polonais opprimés.

Jeudi 4 juin.

Nous nous empressons de quitter Rutschuk
où l'on dîne si peu et si mal, pour mieux dire,
où l'on ne dîne pas du tout. Il nous faut pour
cela faire viser nos passe-ports, ce qui est assez
facile, et faire visiter nos bagages à la dcuane,
ce qui est bien une autre affaire.

Les douaniers, étonnés de ne pas trouver nos
malles plombées, jugent qu'ils ont affaire à des
récalcitrants et paraissent disposés à la plus
grande rigueur. Quant à nous, plutôt que de céder à ce chantage administratif, nous sommes
décidés à vider nos caisses de fond en comble.

Donc, nous nous asseyons sur le sable du rivage, et ayant donné nos clefs aux employés,
nous assistons tranquillement à l'épluchage de
nos effets. Les douaniers déplient les vêtements,
défont les paquets, ouvrent les boîtes, espérant
nous agacer par leur curiosité sans bornes ; mais
c'est une affaire convenue, nous ne voulons leur
donner aucune étrenne pour faire cesser ce gênant contrôle.

Peu à peu les gabeloux qui examinaient par devoir commencent à prendre un vrai plaisir à l'inventaire qu'ils font de nos affaires. Le moindre outil de toilette est pour eux l'objet de nombreux commentaires. Un chapeau à mécanique leur éclate dans la main, la peur les prend, puis les voilà en proie à la gaîté la plus vive.

Et nous sommes toujours là attendant accroupis sur le sable.

Les douaniers paraissent nous avoir oubliés. Ce musée inattendu, cette collection unique pour eux les intéresse au plus haut point. L'un d'eux découvre dans un coin une boîte sur laquelle est écrit *clyso-pompe*, il l'ouvre et reste fort intrigué devant cet appareil compliqué muni d'un tube flexible terminé par un bout d'ivoire. Tout d'un coup sa figure rayonne. Il a compris l'usage de cette machine étrange. « Narghiléh! » s'écrie-t-il, et aussitôt il porte à la bouche le bout d'ivoire et aspire avec béatitude. Mais subitement il se lèche d'un air sérieux, remet le narghiléh dans sa boîte sans rien dire et cesse net ses investigations.

Ses camarades lassés ne tardent pas à l'imiter et nous recevons l'autorisation de refaire nos

malles et de traverser le fleuve dans une barque. Ce n'est pas trop tôt.

Le Danube est fort large, la rive est tout à
fait plate du côté de la Valachie ; du côté turc
que nous quittons, les falaises de Rutschuk ont
un assez bon air.

Nous débarquons à Giurgevo.

Le contraste est frappant. La rive turque
triste, abandonnée, sans animation. Le port
valaque encombré de marchandises, de voitures
à bœufs qu'on charge et décharge. Rutschuk où
l'on voit errer quelques soldats moroses, quelques douaniers somnolents. Giurgevo peuplé de
cultivateurs conduisant leurs charrettes, de
portefaix actifs, de commerçants affairés.
L'apathie orientale en face de l'activité européenne. La mort séparée de la vie par une frontière.

A la douane valaque on ne nous demande pour
tout bakchich qu'un cigare. Il y a progrès évident.

Un soldat bien équipé, alerte et d'allures in-
telligentes nous fait passer au bureau des passe-
ports où, sur notre mine, on ne réclame pas
même nos papiers. Les employés sont pleins de
politesse, et ce n'est pas sans une joie très-vive

que je retrouve autour de nous cette activité intellectuelle et physique qui ne paraît pas exister dans les pays d'où nous sortons.

La ville, assez bien bâtie, a de larges rues dont l'animation est extrême. Le costume des femmes valaques rappelle beaucoup celui des Italiennes. Les hommes ont un large chapeau rond de forme auvergnate et tout floconné de rubans, de plumes, de fleurs et de franges ; une veste brodée et un large pantalon chamarré de dessins de toutes couleurs complètent le costume. Les paysans ne portent qu'une blouse et un pantalon de toile blanche et couvrent leur tête d'un bonnet russe fourré.

Nous trouvons à déjeuner très-confortablement. Buvant à nos anniversaires réciproques si peu fêtés la veille, nous déclarons que le mot de Sosie sur les amphitryons doit s'appliquer aux progrès des populations et que le véritable peuple civilisé est le peuple où l'on dîne. Nous finissons même par prononcer *gorgez-vous* au lieu de *Giurgevo* ; mais, il faut nous le pardonner, nous n'avons rien mangé depuis vingt-quatre heures.

Après le repas, une calèche à quatre chevaux nous entraîne sur la route de Bucharest. On ne doit pas s'étonner de ce luxe de coursiers ; ici, quatre chevaux sont un piètre équipage ; d'ordinaire, on attèle tout un troupeau. Quelques ficelles forment les harnais, et les bêtes qui ne trouvent pas place dans l'attelage galopent à côté de leurs camarades comme si elles étaient attelées elles-mêmes ; les poulains suivent en hennissant.

Nous traversons au galop des steppes d'une monotonie désespérante que de longs convois de charrettes traînées par des régiments de chevaux animent de loin en loin. Chaque fois que nous dépassons ou croisons ces lourdes et immenses voitures, le bruit des grelots, le grincement des roues, le clic clac des fouets, les hourras des jeunes postillons montés sur tous les chevaux de droite, font un tapage gai et réjouissant.

Nous arrivons ainsi à Kalougareni, où les chevaux se reposent une heure. Le village est très-pauvre. Le curé (pope) et le maire sont au cabaret où deux musiciens bohémiens très-proprement mis chantent et jouent des airs véhéments et plaintifs. Une rivière sale passe là ; des chevaux et des enfants y nagent pêle-mêle ; décidément ici, le cheval est de la famille ; cette race chevaline, petite, maigre, toute en crins et en os, paraît avoir des qualités d'intelligence ; de concert avec le paysan, le cheval valaque dispute aux arides steppes une maigre nourriture ; la bête est pour l'homme un compagnon sinon d'infortune — l'un et l'autre paraissent heureux — au moins de misère.

Nous repartons à travers les landes désertes. Lorsque nous arrivons à Bucharest, il fait nuit.

Ce n'est pas sans difficulté que nous trouvons à nous loger. Il paraît que notre voyage coïncide avec l'ouverture *des chambres*, ce qui fait que *celles* des hôtels sont prises par MM. les députés et les provinciaux avides de politique. Ce joli jeu de mots n'est pas de moi, je m'empresse de le déclarer, il est d'un Valaque amoureux, comme tous les Valaques, des calembours français. C'est, on en conviendra, un peu étonnant de trouver notre langue connue dans ses finesses et ses dévergondages... au fond des provinces danubiennes.

Vendredi 5 juin.

Comme nous devons prendre demain soir le bateau qui remonte le Danube, nous n'avons qu'aujourd'hui pour parcourir et connaître la capitale de la Valachie.

On ne se doute pas combien il est difficile de visiter une ville où il n'y a rien à voir.

En effet, ce qu'il y a à voir ici, ce ne sont pas les monuments, peu remarquables, à part une ou deux églises, mais c'est la population et l'aspect général de la cité.

Curieuse population dont la langue est une confusion de plusieurs idiomes, dont le costume est aussi italien, turc, espagnol, que russe, hongrois ou germain, dont enfin les mœurs sont un singulier mélange d'habitudes orientales et européennes. Les Valaques se sont fait une spécialité de n'avoir rien de spécial, leur originalité très-caractérisée vient de toutes sortes d'origines, et leur cachet est le produit d'une mixture étrange.

Les femmes ont des coiffures russes, italiennes, orientales ou parfois une simple fleur comme en Andalousie. Les hommes ont le tarbouch rouge ou le bonnet russe, ou le chapeau hongrois. Tout ce monde semble parler latin, mais ce n'est qu'un latin des plus dégénérés ; si on comprend, presque personne ne vous comprend, même lorsque vous prononcez à l'italienne.

Les jeunes filles sont, pour la plupart, fort belles, de mœurs pures, mais reconnaissent aux messieurs des droits superbes. C'est un usage russe maintenu par les boyards valaques.

Sur la place du marché, la foule est considérable. On vend de tout. Les vendeurs et vendeuses se promènent tenant aux mains leurs denrées. On vous offre des carottes et de vieux gants blancs, un voile de dentelle et des pommes de terre, des œufs et un habit de général. Chacun crie, s'interpelle, cause à pleins poumons et rit à belles dents.

Tout d'un coup le brouhaha cesse, et la foule tombe à genoux en faisant maints signes de croix à la grecque. Une calèche découverte s'avance lentement ; dedans est un pope couvert d'habits sacerdotaux ; il tient sur ses genoux un grand tableau représentant la vierge Marie.

Il paraît que la vue de cette image doit réconforter quelque moribond partant pour l'autre monde.

La voiture est passée ; le bruit recommence de plus belle.

Ici le peuple est superstitieux jusqu'à la cruauté. On a récemment un peu lapidé les juifs. Il faut dire que personne n'aurait probablement dit un mot contre ces pauvres hébreux, si l'aristocratie de Bucharest, jalouse de tout ce qui s'élève ou s'enrichit, n'avait jugé à propos de réveiller l'intolérance au profit de son ambition.

Au fond, les Valaques ne sont nullement méchants ; au contraire, complaisants et généreux, ils se mettent au service des premiers venus et offrent de grand cœur le peu qu'ils ont.

Je n'ai pas rencontré un seul mendiant.

Les plus misérables sont les Tziganes qui viennent de Bohême ; ils s'emploient aux travaux les plus vils. Leurs femmes et leurs filles servent les maçons, et, demi-nues, chargées de pierres et de mortier, grimpent au haut des échelles. Elles ont toujours la pipe à la bouche.

Ces malheureuses sont très-gaies et promptes à la riposte. Je reconnais chez elles le type du

fellah d'Égypte et je retrouve le même entrain
dans la plaisanterie. Si l'on rapproche ce fait
des nombreuses divinités égyptiennes exhu-
mées en Hongrie, il est facile d'avoir l'origine
de ces populations errantes qu'au moyen-âge
on appelait *égyptiaques* Du reste, je laisse à de
plus savants que moi le soin de trancher ces
questions.

Les enfants de ces femmes grouillent à terre
dans la boue, beaucoup n'ont pas de chemise,
quelques-uns ne sont vêtus que d'un court gilet.

L'aspect des maisons n'a rien de particulier.
Certaines rues ressemblent à s'y méprendre à
des rues parisiennes. Les boutiques sont tout à
fait luxueuxes, avec des enseignes en français.
Ordinairement les magasins sont dédiés à quelque tête couronnée dont la représentation est
figurée en grand costume de gala. Même chez
les particuliers on voit beaucoup de portraits de
souverains. Les rois et les empereurs apparais-
sent à ce peuple respectueux comme des sortes
d'archanges chargés de représer ter Dieu sur la
terre. Seulement il n'y a pas de préférence :
Victor Emmanuel, le roi des Belges, Napoléon
III, Alexandre, l'empereur d'Autriche, le roi

des Grecs, etc., tous y sont. On voit que les Valaques ne savent à quel souverain se vouer. Le seul que je n'aie pas vu, c'est le Sultan, et cela se comprend : puisque Bucharest est sous son protectorat, c'est le seul dont on ne veuille pas.

Après avoir parcouru la ville à tort et à travers nous rentrons harassés.

Mais on nous apprend qu'en allant ainsi à l'aventure nous n'avons rien vu ; ni la cathédrale, ni les églises, ni la chambre des députés, ni le musée.....Nous voilà donc repartis, marchant à grands pas, car il se fait tard et nous voulons tout voir dans cette ville où, à ce qu'on nous avait d'abord assuré, il n'y avait rien de digne d'attention.

Nous admirons donc d'un coup d'œil rapide, presque fébrile, la charmante église de Stavropoléos, qui paraît tout à fait abandonnée et qui est un vrai bijou d'architecture valaque, mélange de byzantin, de gothique et d'arabe.

La cathédrale est placée sur une colline qu domine la ville. La vue qu'on a de la plate-forme qui l'entoure est vraiment magique ; la ville apparaît radieuse, blanche et lumineuse, entourée de vergers et de jardins, herissée de clochers roumains aux dômes russes flamboyants, se détachant en clair sur les montagnes sauvages qui l'entourent au loin.

L'intérieur de la cathédrale est très-petit, rétréci par trois jubés successifs. A travers leurs sculptures on aperçoit au fond le prêtre officiant dans une partie éclairée, tandis que le reste de l'église est très-sombre. L'intérieur des dômes a la forme de cloches allongées ; ce sont des sortes de grandes lanternes dont le dedans est surchargé de peintures.

A côté de la cathédrale se trouve une baraque en planches où l'on fait grand bruit ; on dirait une vente à la criée ; on entend des cris sauvages comme les agents de change en poussent à la Bourse. C'est la chambre des députés. Ces messieurs discutent avec vigueur la question de savoir si on établira un chemin de fer de Bucharest à Giurgevo.

Le musée est à peine terminé. Pourtant nous remarquons la collection d'antiquités donnée par le général Mavro et la belle vaisselle d'or massif trouvée, il y a peu de temps, dans un tombeau à Pietroasa près de Buzéo ; ces plats enrichis de pierreries, ces hanaps, ces vases aux formes élégantes donnent une idée très-flatteuse de l'art roumain au moyen-âge.

Il y a aussi au musée une exposition de peinture. Tous les tableaux sont faits par des Valaques, et vraiment il y a d'assez bonnes choses.

Mais vite il faut nous occuper d'autre affaire. Nous n'avons pas encore trouvé de voiture pour nous ramener à Giurgevo. Les gens qui sont venus ici pour assister à l'ouverture des Chambres, ont accaparé tous les véhicules et il nous est impossible d'organiser notre départ du lendemain. Nous finissons pourtant par dénicher une espèce de *birja* russe, non suspendu et couvert de gros ornements en cuivre jaune. Il s'agit de faire comprendre au propriétaire de ce birja que nous en avons besoin pour demain, à cinq heures du matin, avec des chevaux et un cocher, le tout moyennant un prix désigné. Nous essayons de développer cette thèse en valaque, car nous avons déjà fait des études approfondies sur la langue roumaine ; nous avons remarqué que les substantifs sont formés de mots français ou italiens auxquels on ajoute les syllabes *lulu*, quant au reste, c'est du latin de cuisine et pas autre chose.

Et nous accouchons de cette phrase :

— Volamus carossalulu, chevauxlulu, cocherlulu per domani el matino.

Notre homme paraît ne rien comprendre. Il y a de sa part mauvaise volonté évidente.

Nous essayons alors de mettre à profit une autre remarque que nous avons faite : c'est l'extrême complaisance et la parfaite politesse des habitants de Bucharest; or, comme la plupart parlent très-bien français, nous décidons de prendre pour interprète improvisé le premier venu.

Et nous voilà, accostant tous les passants.

— Parlez-vous français ? leur demandons-nous, avec toute la grâce dont nous sommes capables.

Les malheureux, interloqués, intrigués, ahuris, ne savent que répondre et balbutient quelques mots en nous saluant. Quelques-uns se sauvent à toutes jambes.

Sans nous décourager, nous continuons notre interrogatoire. Les passants qui se méfient nous évitent. Les plus courageux reçoivent en pleine figure la fatale question.

— Parlez-vous français, monsieur?

L'un d'eux nous répond :

— Oui !

Aussitôt le voilà appréhendé et traîné chez le loueur de voiture. Mis au fait de la situation, il se prête de très-bonne grâce à ce que nous demandons de son obligeance et le marché se conclut.

Après une journée aussi fatigante, il est bon de se restaurer. C'est ce que nous entreprenons avec enthousiasme. Mais à peine sommes-nous en train de savourer d'excellents *sterlets* du Danube (poisson délicat, qui tient le milieu entre la truite et le brochet et qui a la bouche pointue comme le bec d'une bécasse), à peine commençons-nous à reprendre nos forces, que nous apprenons la nécessité où se trouve tout voyageur de voir *la Chaussée*, à six heures du soir. C'est le rendez-vous de la bonne compagnie et l'on y peut étudier à son aise les allures de l'aristocratie valaque.

Vite nous sautons dans une calèche de louage. Le cocher qui nous sait pressés met ses chevaux au galop, sans s'inquiéter des énormes pavés des rues, ni des passants nombreux qu'il peut écraser. Ici presque tous les cochers de fiacre sont russes, et par conséquent très-habiles conducteurs. Ils forment entre eux une association et même une secte à part; on prétend que dès qu'ils sont pères d'un enfant, ils se condamnent volontairement à un célibat d'autant plus cruel qu'ils en assurent l'observance à l'instar des chantres du pape.

La Chaussée est un assez beau jardin traversé par la route de Transylvanie. Des équipages bien tenus et des cavaliers élégants vont et viennent, les toilettes des dames sont à la dernière mode de Paris, le luxe y est un peu voyant, il y a en somme plus de dorures que de bon goût.

— Mais, nous dit-on, il n'y a pas que cette promenade, il faut voir aussi le jardin de *Tschismedjiù*.

— Comment dites-vous ?

— Le jardin de Tschismedjiù.

— Allons, cocher, au grand galop pour le jardin de Tschismedjiù.

Et nous partons comme une flèche.

Si la chaussée *Mogochoï* est le jardin de la haute société, le jardin que nous parcourons ensuite est fréquenté par la bourgeoisie naissante et par les étrangers qui sont nombreux ici.

C'est un fait particulier aux républiques aristocratiques de supprimer ou d'affaiblir autant que possible la classe intermédiaire entre le peuple et la noblesse. Mais avec notre civilisation progressive et irrésistible, c'est justement cet élément juste-milieu qui tend à tout envahir et à résumer en lui la société entière. La haute aristocratie valaque, pour éviter ce danger, a eu l'idée de créer une bourgeoisie extranationale. Certains emplois ne pouvaient être remplis par des boyards qui auraient dérogé ; on ne voulait pas penser à les donner à des prolétaires instruits et intelligents, c'était se créer des concurrents aux grandes dignités, et les monopoles sont toujours bons à garder. Qu'a-t'on fait ? On a imaginé l'importation des employés indispensables. Les officiers sont français, les chefs de divisions dans les bureaux sont allemands, les ingénieurs sont anglais, et ainsi du reste. On a formé de la sorte un tiers-état peu gênant, sans racine dans le pays, sans avenir dans le gouvernement, une manière de matelas social, de digue humaine qui met les seigneurs à l'abri des ambitions plébéiennes.

C'est cette couche administrative qui hante les parterres de Tschismedjiù.

Mais, en regardant bien, on y découvre des intrus, d'honnêtes Valaques qui s'enrichissent par le commerce, s'élèvent par l'éducation, grandissent par l'instruction, d'étranges ambitieux qui prétendent servir leur pays au lieu et place des employés étrangers, de vrais révolutionnaires enfin, qui ont le fol orgueil de créer une bourgeoisie nationale.

Au Tschismedjiù, on se promène et l'on écoute de la musique. L'orchestre assez nombreux joue des mélodies populaires, des airs tziganes et parfois des fantaisies d'opéras. Ces dernières tentatives sont bizarres au possible ; aucun musicien n'a de musique devant lui ; chacun joue d'inspiration et de mémoire ; aussi les mélodies des compositeurs français et italiens se modifient singulièrement, les harmonies sont méconnaissables ; c'est une langue étrangère parlée avec l'accent slave ; mais si l'on ne reconnaît plus Meyerbeer, Gounod, Verdi, on en a une traduction dont la saveur étrange et nouvelle vous charme et vous saisit.

Les mélodies tziganes, toujours en mineur, font de leur côté quelques concessions aux idées occidentales ; les musiciens les terminent chaque fois par les accords de dominante et de tonique du ton relatif majeur. C'est comme un sursaut qui arrive à la fin du morceau ; un réveil presque burlesque et un peu douloureux. On est en plein rêve extatique ; les gammes indécises, les tonalités fantastiques, la *morbidezza* des rhythmes, la suavité des contours mélodiques, tout vous entraîne vers des régions poétiques et vagues, puis subitement deux accords brutaux vous réveillent et viennent vous dire : « Assez de « délire enchanteur, assez de songes éthérés ; « nous sommes toujours de ce monde, au milieu « des employés du gouvernement et des bour- « geois de Bucharest. »

La haute société a aussi son jardin à musique. On l'appelle le jardin Raschka, et malgré l'heure avancée et la nuit noire nous y courons. C'est à l'autre bout de la ville.

Nous trouvons une sorte de brasserie ; il y a beaucoup de lumières tandis que le Tschimedjiù était très-sombre. Les toilettes des femmes sont soignées. Tout le monde se connaît et le ton général est celui d'un salon de bonne compagnie. Je suis pourtant frappé de certaines locutions qu'on emploie de préférence pour faire voir que l'on connait son Paris ; on ferait mieux de les laisser aux cascadeuses des Variétés ou aux petits crevés des premières représentations.

Enfin, n'en pouvant plus, nous allons nous mettre au lit.

Mais à peine sommes-nous couchés qu'il faut nous réveiller. Notre voiture attend à la porte de l'hôtel et les chevaux piaffent sous nos fenêtres. En route pour Giurgevo.

Samedi 6 juin.

La *carrossalulu* qui nous entraîne n'est point suspenduc ; ce qui n'empêche pas le cocher de nous conduire au grand galop. Bast! le supplice sera moins long.

La monotonie de la route est animée cette fois par une véritable course de quadriges. De nombreuses voitures se rendent comme nous au Danube pour prendre le bateau, et les conducteurs font assaut de hardiesse et d'habileté. Heureusement la route est large, et lorsqu'elle est insuffisante on lance les chevaux à travers les steppes.

Les bateaux qui font le service du Danube sont fort beaux et très-confortables ; ils ont trois étages hors de l'eau, ce sont de vraies maisons qui voyagent à la vapeur. Le service est fait par des garçons allemands très-stylés, habits noirs, cravates blanches, des allures de diplomates ou de princes du sang ; ils apportent un plat comme on offre les clefs d'une ville ; ils vous donnent une serviette comme s'ils vous conféraient une décoration ; pour eux, la domesticité est un sacerdoce, et ils font voir par leur politesse et leur dignité qu'un valet peut être gentilhomme.

Le mauvais côté de ces bateaux c'est le coucher. Une sorte de dortoir où l'on est empilé les uns sur les autres, sans que les couchettes soient séparées autrement que par de faibles rideaux, rien pour mettre ses effets et une chaleur suffocante. Ajoutez à cela des nuées de moustiques qui vous harcèlent toute la nuit et vous font lever méconnaissable.

Une nuit sur le Danube, voilà une torture oubliée par l'Inquisition !

Dimanche 7 juin.

Le bateau a marché toute la nuit.

Nous naviguons entre la Turquie, à gauche, représentée par des collines arides, et la Valachie, à droite, qui se compose de marais et de pâturages.

Sur une des collines turques j'aperçois un singulier cimetière. Il me faut un certain temps pour me rendre compte de mon erreur. Ce que je prends pour des tombes, pour des pierres droites, ce sont des soldats turcs qui travaillent à quelque mouvement de terrains. Je reconnais là l'activité musulmane, pas un ne bouge. Occupés à voir passer notre bateau, ils sont immobiles comme la femme de Loth changée en statue. On dirait que quelque photographe invisible leur a crié le terrible — « Ne bougeons plus ! »

Nous ne tardons pas à arriver à la frontière serbe et tout d'un coup l'aspect du pays change. Les collines arides deviennent boisées et cultivées, des chemins bordés de haies verdoyantes

descendent jusqu'au fleuve, les villages se succèdent nombreux et bien situés, une population
active anime le pays. Des soldats sont à la frontière de Serbie, mais loin de garder l'immobilité
des militaires turcs, ils jouent entre eux, dan-
sent et chantent.

Me voilà une fois de plus obligé de constater
l'espèce de sommeil qui engourdit les musulmans. Il semble que la religion de Mahomet
jette l'atonie sur ceux qu'elle touche. Et pourtant comment se fait-il que cette même religion
ait failli conquérir l'Europe? Tant de vigueur
suivie de tant de faiblesse?

Si l'on jette un coup d'œil sur le Coran et
sur l'histoire de l'Islam, on comprend vite la
dégénérescence de cette croyance à la fois si
jeune et si usée, si nouvelle et déjà décrépite.

A mesure même que Mahomet dictait ses *sourates* son esprit se modifiait. Dans le Coran, tel
que nous l'avons, on a tout simplement mis au
commencement les plus longs chapitres et à la
fin les plus courtes sourates ; mais, pour avoir
une idée de l'ordre dans lequel les versets furent inspirés au prophète, il faut lire le saint
livre en commençant par la fin. On trouve ainsi
d'abord le souffle extatique du voyant, puis les

6*

discussions et les insistances du sectateur incompris, et, enfin, les instructions du législateur accepté et écouté.

Au début Mahomet n'est qu'un illuminé à courte vue. Il n'a pas de programme, ni en politique, ni en morale. Ses inspirations se traduisent par de brèves sourates qui parlent de Dieu, mais sans aucune définition. Il ne paraît préoccupé que de la vie future, vie qui ne doit commencer qu'après le jugement dernier, car, selon l'idée égyptienne, c'est LE CORPS qui doit réssusciter ; l'immortalité de l'âme n'est qu'une conséquence très-secondaire, les joies du ciel étant uniquement corporelles.

Dans son livre, ce jugement dernier, qui est un peu son idée fixe, se présente dans des conditions solennelles à ses yeux, grotesques en somme. Les infidèles auront une main attachée au cou, l'autre derrière le dos. Les incrédules se reconnaîtront à une marque sur le nez. Ceux qui auront négligé leurs femmes manqueront d'une des parties postérieures de leur individu. Les menteurs auront le visage noir. Les insouciants de récits religieux auront les yeux bleus, ce que les Arabes détestent. Ce jour-là chacun trouvera son compte-courant tout ouvert, et sera forcé de reconnaître que Dieu a une tenue de livre très-correcte.

Quant à la vie éternelle, les détails en sont des plus circonstanciés.

Les damnés boiront du feu et mangeront des fruits qui gonflent le corps et donnent la colique. Sans compter mille supplices indescriptibles.

Au paradis les bienheureux trouveront des vierges au regard modeste, aux grands yeux noirs, au teint couleur d'un œuf d'autruche ; ils trouveront aussi pour les servir de jeunes et beaux garçons toujours adolescents ; ils y auront des coussins bien rangés, ou des siéges élevés, des tables couvertes de tapis dont l'envers . sera en brocart, — qu'on juge de l'endroit ! — des arbres chargés de fruits pendants si bas au bout des branches qu'on n'a même pas besoin de se lever pour les cueillir, des arcades sur lesquelles seront d'autres arcades, et sous lesquelles courent de frais ruisseaux. Un des plaisirs sera de se regarder face à face en disant « Selam » ou de boire de l'eau dans une coupe qui circulera à la ronde. Et puis on fera des conversations dans le genre de celle-ci : « J'a- « vais un ami sur la terre ; il ne croyait pas à

« la résurrection ; je le vois là-bas au fond de
« l'enfer ; je suis bien content ! » On y sera
vêtu d'étoffes de soie fortes ou molles, au choix,
et l'on s'y parera de bracelets d'or. Il y aura
deux repas par jour, un le matin, un le soir.

Logé, nourri, habillé, tout est prévu.

Même le Coran promet aux bienheureux un
certain vin exquis, très-vieux, sans doute, car
il sera cacheté avec du musc. Il est vrai, comme
correctif, que ce vin sera mêlé à l'eau de Tas-
min ou à l'eau d'une source de camphre.

A ce propos, il ne faudrait pas chercher dans
le livre saint arabe l'interdiction du vin à laquelle les musulmans sont si fidèles. Pas plus
qu'il ne faut chercher dans les évangiles les
prescriptions relatives au maigre et au gras.

Un détail me paraît choquant dans ce séjour
si bien préparé. On promet aux élus des houris
d'un âge égal au leur. Alors ceux qui ont soixante ans et plus n'auront pas une part de paradis bien enviable.

Pour gagner ce ciel si minutieusement décrit,
que faut-il faire ? Presque rien. Donner aux
pauvres, et, surtout, croire à Dieu et à la résurrection.

Malgré la faiblesse de sa doctrine, Mahomet

ne laisse pas que d'en être émerveillé. Il raconte que quelques *génies* s'étant mis à écouter la lecture du Coran, s'écrièrent : « Nous avons « entendu une lecture extraordinaire. »

Mais les hommes qui entouraient Mahomet n'étaient pas d'aussi facile composition et les objections arrivaient nombreuses autour du voyant. Alors il se faisait inspirer de nouvelles sourates, qui font voir combien sa logique était prise au dépourvu et combien il avait peu d'idée de ce qu'il voulait enseigner. Aussi son meilleur argument est de déclarer qu'il faut se soumettre à la volonté de Dieu, être *musulman*, en un mot.

Ses rapports constants avec la divinité lui servaient pour ses propres affaires ; c'est Dieu qui tranchait les différends survenus entre lui et ses femmes, Dieu qui lui commandait la cruauté, l'injustice , Dieu, enfin, qui autorisait toutes ses fantaisies, et cela par la bouche même du prophète. C'était fort commode.

Au reste, l'idée qu'il se fait du Tout-Puissant n'a rien de bien idéal. Pour lui Dieu est une sorte de pacha égoïste, souvent colère et méchant, au caractère très-irrégulier, ne craignant pas de faire des farces aux humains ; parfois

d'une complaisance incroyable pour ses préfé-
rés ; il raconte qu'Abraham s'amusa à soumettre Dieu à des épreuves et que Dieu se laissa
faire ; Moïse aussi demande des preuves au Sei-
gneur. Le Coran dit ailleurs : « Les hypocrites
« cherchent à tromper Dieu ; c'est Dieu qui
« les trompera le premier. » — Dieu trom-
peur comme un simple mortel, davantage
même !

Grâce à ses inspirations fréquentes, Mahomet
finit par faire de Dieu son factotum, et, comme
ce dernier n'y met pas d'obstacle, Mahomet en
fait son complice. Pourtant il est probable
qu'au début de son apostolat, le prophète était
pur et honnête, mais la puissance qu'il prit sur
son entourage lui donna bien vite le goût du
despotisme, et c'est ainsi que partant d'un point
de vue, sinon très-relevé, au moins très-hono-
rable, il en arriva à proclamer dans son livre de
véritables énormités morales.

Le côté pratique lui manque longtemps ; ce
n'est que peu à peu qu'il comprend la nécessité
de donner à ses disciples une ligne de conduite.
Dérober, commettre l'adultère (et encore il y a
des dispenses pour ce péché-là), tuer ses enfants, calomnier, voilà ce qu'il se décide à dé-

fendre. Ce n'est qu'en passant, et comme par distraction, qu'il demande le respect des vieux parents, la bonne foi dans les marchés et autres axiomes de la morale humaine. La pudeur, selon lui, consiste à baisser les yeux quand d'autres se déshabillent ; pour les femmes, la pudeur c'est de se voiler le visage et de ne point remuer les pieds. — Les danseuses égyptiennes ont trouvé moyen d'être très-hardies dans leurs conceptions chorégraphiques, tout en respectant ce précepte. « Ne tuez aucun homme, » dit le Coran, mais il ajoute : « sauf pour une « cause juste. » Ce qui permet de tuer tous ceux qui gênent les croyants.

« Rends le bien pour le mal. » On trouve cette belle maxime toute chrétienne, comme par hasard, noyée dans un amas de bavardages, de répétitions, de non-sens et entourée de maximes de carnages en tout contraires à cette formule humanitaire.

Insensiblement il s'embrouille dans ce qui est permis et ce qui ne l'est pas ; il se redit et se contredit, se perd dans les détails, multiplie ses commandements et établit un code compliqué, confus, où tout est pêle-mêle, les lois et les dogmes, les règlements d'intérêt et les préceptes

de morale, les recettes d'agriculture ou de mé-
decine et les châtiments célestes.

Ce sont ces formules incohérentes que Mahomet voulut imposer comme étant les idées de
Dieu lui-même. Il rencontra naturellement une
opposition acharnée. Il essaie alors du rai-
sonnement et du *distinguo*, mais il se sent sur
un terrain peu sûr pour lui et il tranche vite par
ces mots : « Qui donc est plus savant, de Dieu
« ou de vous ? » — Réponse commode dans une
discussion religieuse et que l'on met souvent en
usage pour couper court aux questions indis-
crètes de ces gens insupportables qui veulent
se rendre compte des choses. Quant à Dieu, il
est au-dessus de tout cela et n'a pas besoin
d'être logique.

Malgré tout, Mahomet avait beaucoup de
peine à se faire admettre ; il y avait déjà des
raisonneurs à cette époque ; on lui disait : « Si
« vous êtes prophète, faites des miracles. « A
quoi il répondait en se retranchant derrière les
décrets impénétrables du Miséricordieux, ou en
déclarant qu'il ne faisait de miracles que pour
les croyants. Toujours le même dilemme :
Ayez la foi et vous croirez.

Ses ennemis, qu'il ne ménageait pas dans ses

sourates divines, s'attaquèrent à la fin non-seulement à ses doctrines, mais à sa personne. Le prophète en était arrivé à ce moment critique dans la vie des réformateurs où ils ont à choisir entre la palme du martyre ou le sceptre du tyran, la couronne d'épines ou le diadème, le bûcher ou l'encens, la ciguë ou le sabre. Mahomet préféra le sabre.

Il se fit chef de bande et bientôt général d'armée. C'est à ce moment qu'il fut inspiré de ces sauvages versets : « Lorsque vous rencontrez « les infidèles, eh bien, tuez-les, au point d'en « faire un grand carnage. «

Il admet des trèves pendant les mois sacrés, mais après « tuez les idolâtres partout où vous « les trouverez, faites-les prisonniers, assiégez- « les et guettez-les à toute embuscade. » Pour donner du cœur à ses soldats il ajoute : « Trois « mille anges descendus du ciel, cinq mille « hommes tout équipés, voilà ce que Dieu pro- « met aux croyants qui défendent sa cause. » Certes les sectateurs de Mahomet ont dû combattre avec confiance, sentant derrière eux une pareille réserve. Ce qui ne les a pas empêchés d'être souvent battus.

Ces moyens de conviction ne suffisent pas à

ce féroce apôtre ; les vaincus discutaient toujours. Il pense alors à s'appuyer sur tous les personnages célèbres connus des Arabes : Noë, Abraham, Jacob, Moïse, David, Salomon, Jésus, Houd , Saleh , Alexandre-le-Grand , Lokman, sorte d'Esope, tous se trouvent avoir prédit le Coran et annoncé son prophète. Même les mages de Pharaon, même la femme de ce roi, se déclarent pour les idées de Mahomet.

Et c'est ainsi que, sans s'en douter, marchant sur une pente insensible, cet homme, austère et sensuel, acétique et débauché, prêcha l'humanité en se mettant à la tête des armées, défendit de tromper en mentant lui-même le plus possible, glorifia la libéralité en s'attribuant la plus grosse part des butins, exalta la continence en épousant quinze femmes, et proclama l'humilité en se déclarant le premier d'entre les hommes.

Ce qu'il y a de vraiment grand dans le mahométisme. c'est l'UNITÉ DIVINE. La grande base dogmatique de cette religion, c'est que Dieu n'a ni femme, ni enfant, ni associés. Jésus, selon le Coran, est créé par Dieu, comme Adam, mais non engendré. Aussi la grande préoccupation du prophète , c'est de détruire les images et toutes les représentations symboliques. Au temple de la Mecque, il renverse trois cents idoles que les Arabes vénéraient. Imitant Moïse et précédant Luther, il veut épurer le culte du Dieu unique, en évitant à la foi les moyens de s'égarer sur des figures ou des amulettes auxquelles on peut à la longue supposer des pouvoirs divins.

Mais est-ce uniquement la beauté de cette croyance qui a fait le succès du Coran, qui a entouré la Méditerranée de ce croissant mahométan étendu sur l'Afrique et dont les pointes furent à Sarragosse et à Stamboul? Non! Derrière l'idée il y avait le cimeterre qui fait courber les têtes plus vite que la conviction, et derrière le cimeterre il y avait toute une pléiade lumineuse de poètes, d'artistes et de savants. Des concours de poésie arabe avaient lieu tous les ans à la foire d'Okadh; Mahomet, effrayé par cette surabondance d'idées, parfois contraires aux siennes qui étaient si restreintes, supprima les concours. Mais il ne put arrêter ce mouvement littéraire qui fut, après lui, un des meilleurs propagateurs de sa doctrine. Quant aux artistes et aux savants, il n'y a qu'à visiter les endroits où s'est étendue la domination arabe pour être

émerveillé de la civilisation qui suivait les lieu-
tenants de Mahomet. Certes, le prophète n'avait
fait sa religion que pour un petit nombre: il ne
songeait point à l'étendre au-delà de son pays,
à peine savait-il s'il y avait d'autres contrées,
mais l'esprit de conquête d'Omar et d'Abou-
bekr, organisés pour la défense, les lança dans
l'attaque à la mort de Mahomet, et ils se firent
les agents d'un progrès qu'ils ne voyaient pas.
Le Dieu unique s'affirmait par les plus belles conceptions scientifiques et littéraires, l'agriculture
très-perfectionnée, les usines de tous genres,
une nouvelle architecture, l'algèbre, la méde-
cine, l'intelligence des choses pratiques jointe à
un idéalisme très-relevé. Voilà ce que le Cid a
détruit en Espagne, voilà ce que les Turcs ont
laissé mourir dans leurs mains, voilà ce que les
Arabes ont oublié!

Les commentateurs du Coran ne tardèrent pas
à se perdre dans les explications et les inter-
prétations. L'idée fataliste se dégagea plus nette
et jeta dans les esprits ce poison lent qui endort
les musulmans depuis plusieurs siècles.

Les juifs attendent le Messie, les croyants
attendent la fin du monde.

Chacun d'eux se sait entouré « d'anges qui

« se succèdent sans cesse ; placés devant et der-
« rière lui, ils veillent sur lui par ordre du Sei-
« gneur. » De plus « Dieu égare celui qu'il veut
« et dirige celui qu'il veut. » Ainsi, la femme
de Loth, dont parle souvent le Coran, n'est pas
punie parce qu'elle a désobéi, mais parce que Dieu
avait décidé qu'elle resterait en arrière et qu'elle
désobéirait. Alors quel attrait y a-t-il à désirer
faire le bien s'il est écrit que nous ferons le
mal, si on est condamné avant d'avoir agi ?

Et il ne faut pas espérer ramener les fidèles à
une meilleure interprétation du Coran ; lorsqu'une religion vieillit on ne peut la rajeunir
qu'en la tuant. Il ne faut pas penser non plus à
fusionner les Orientaux avec les hommes de
l'Occident. « Les croyants ne prennent point
« pour patrons ou pour amis des infidèles, ceux
« qui le feraient ne doivent rien espérer de la
« part de Dieu. »

Le mahométisme, qui dure depuis douze cent s
ans, est pratiqué par près de cent millions
d'hommes et ne cesse de s'étendre en Afrique et
dans l'Inde, est une des sectes les plus fidèles d e
l'univers. L'incrédulité si répandue parmi les autres religions est presque inconnue chez les musulmans ; à part quelques Turcs insouciants ou

rapaces, les croyants sont vraiment des croyants.

Les Turcs, ou plutôt les Tartares du Turkestan ! voilà par où se perd l'Islam. C'est à Constantinople que le mahométisme penche et s'abaisse : c'est là qu'il tombera. Ces Tartares envahisseurs n'ont jamais su faire prospérer une conquête, tandis que les Arabes, à un moment donné, ont presque civilisé l'Europe.

En tout cas, il est curieux de regarder ce qu'était la religion du prophète à ses débuts, ce qu'elle est devenue ensuite. Il est intéressant de voir l'esprit du législateur faussé par ses interprètes les plus dévoués, de suivre les dogmes à mesure qu'ils s'égarent et de constater avec quelle facilité le culte des images, préoccupation incessante du moraliste arabe, a été remplacé par le fétichisme le plus accusé.

Il n'est pas facile, en effet, de détruire le besoin de superstitions chez les peuples peu éclairés. A peine Mahomet venait-il de renverser les dieux de pierre ou de métal, que les croyants s'empressaient d'attribuer aux versets du Coran des vertus surnaturelles ; on se couvrait d'amulettes renfermant des chapitres entiers ; tel chapitre préservait des démons, tel autre des maladies ; l'un était souverain pour les bestiaux, un autre conservait les richesses. Il y avait même les versets malfaisants qu'on cherchait à jeter sur les ennemis, c'était un usage un peu hardi de la parole de Dieu.

Le goût des musulmans pour les amulettes n'a fait qu'augmenter avec le temps ; ils y ont joint les reliques de leurs saints : de la sorte, tout croyant vit entouré de protections divines, dans une quiétude parfaite sur le sort qui lui est réservé, ayant à sa portée des recettes magiques pour détourner, diriger la Providence. Et si, par impossible, la recette manque son effet, c'est qu'alors des compensations merveilleuses l'attendent aux jardins célestes.

Au moment de quitter la Turquie, il m'a paru utile de jeter un regard sur le passé, le présent et l'avenir possible de la religion de ce pays. Regard rapide, mais qui par sa vivacité même fait mieux comprendre les courbes qu'elle décrit dans l'histoire des peuples.

Lundi 8 juin.

Nous remontons le fleuve sans relâche, avançant nuit et jour à toute vapeur.

A Orsova nous trouvons la douane d'Autriche. Des portefaix s'emparent de nos colis ; on vide le navire de fond en comble pour le remplir l'instant d'après quelques mètres plus loin. Les douanes me font toujours rire comme une chose ridicule. Il est positif que pour ce qui concerne les touristes, c'est une formalité vexatoire sans grand profit pour les Etats où l'on entre.

Je constate qu'à Orsova le monument le plus grand, le plus beau, le plus en vue, est une école de filles. — Bravo !

Le paysage devient de plus en plus pittoresque, on voit que le fameux passage appelé les *Portes de fer* s'annonce. Peu à peu le fleuve se rétrécit et les rives se dressent. Nous finissons par nous trouver entre deux rochers à pic qui s'élèvent à une hauteur vertigineuse, ce sont les fameuses portes.

Ce couloir est assez long et très-contourné, aussi le chauffeur du bateau donne de fréquents appels avec son sifflet à vapeur afin d'avertir les bateaux qui viendraient à s'engager avec lui dans le gigantesque labyrinthe. Le bruit strident du sifflet se répercute de rocher en rocher comme une voix éplorée, c'est imposant et terrifiant. Des aigles nombreux planent au-dessus de nous, ils ont là une nature selon leur goût. Tous les timonniers sont à la barre du gouvernail, car il faut passer au milieu de nombreux écueils qui tourmentent le fleuve, le font gémir et gronder, écumer et tourbillonner.

Le long de ces rochers inaccessibles circule un chemin entièrement taillé dans le roc, il est coupé en plusieurs endroits par des éboulements et paraît abandonné. Une large inscription latine du temps de Trajan nous apprend, — grâce à d'excellentes lunettes d'approche, — que c'est cet empereur qui fit tracer cette route hardie.

Lorsque le fleuve s'élargit de nouveau et que ses rives prennent des formes moins sévères, c'est presque un soulagement, il semble que l'on sorte de l'antre de Trophonius dont la vue empêchait de rire à tout jamais.

Quelques vieux châteaux en ruine dominent

les crêtes, c'est presque le Rhin et ses souvenirs.

Puis les collines s'abaissent, s'adoucissent. Le fleuve s'élargit indéfiniment ; on n'aperçoit plus les rives qui se perdent dans l'horizon. De grandes îles couvertes de futaies verdoyantes rappellent les forêts vierges noyées dans le Mississipi ; les tilleuls qui y poussent en grand nombre nous envoient au passage les effluves parfumées de leurs fleurs odorantes.

Samendria se présente sur la rive serbe avec ses fortifications turques d'où les soldats du Sultan ont été chassés il y a deux ans. Les Serbes se réveillent enfin ; les paysans sont organisés en milices; ils entendent bien l'agriculture; mille cent écoles sont déjà établies dans les villages ; tout cela est très-bien, mais avant de féliciter les Serbes il faut savoir si l'ambassadeur russe à Belgrade n'y est pour rien et si ce grand mouvement progressiste , admiré de toute l'Europe, n'aura pas pour effet de jeter la Serbie dans les bras de la Russie.

Cette dernière convoite sans s'en cacher toutes les nations qui suivent la religion grecque ; elle n'a pas grande influence en Valachie parce qu'elle en est trop près, et entre voisins il est bon de se détester un peu ; mais la Serbie et toute la Grèce ne demandent qu'à mordre à l'hameçon slave, et si jamais une question grecque se manifeste, c'est à Saint-Pétersbourg qu'elle sera née et c'est là qu'il faudra trouver les moyens de la résoudre.

J'aperçois beaucoup de jeunes filles qui ont le cou et la poitrine couverts de sequins d'or réunis en plastron. On me dit que c'est l'usage pour les jeunes personnes de porter ainsi leur dot en évidence. Je trouve que c'est à la fois beaucoup de modestie et beaucoup de franchise de leur part. Elles admettent ainsi qu'on ne les épouse pas uniquement pour leurs beaux yeux, et déclarent, de plus, ne pas vouloir tromper les amoureux sur la qualité de la marchandise livrée.

Lorsque nous passons devant Belgrade il fait nuit. La lune qu'on devine à travers la brume nous permet de voir la silhouette pittoresque de l'ancienne ville turque, c'est comme une découpure de tours et de créneaux qui se reflète dans le fleuve blanc et lumineux.

Mardi 9 juin.

Nous sommes près de cent voyageurs à bord. Il y a des passagers de toutes les nationalités. Les moins nombreux sont les Francais — nous sommes deux. — Les plus nombreux sont les Valaques, ce qui n'empêche pas que tout le monde parle..... je ne dirai pas *français,* mais *parisien.*

A part les Américains et nous, tout le monde est plus ou moins prince. Les Valaques sont, de plus, ministres à différents degrés ; les vieux ne le sont plus, les jeunes le seront, tous les autres le sont. Etre diplomate passé, présent ou futur, voilà à quoi arrivent les nobles valaques.

Tout nobles, princes, diplomates qu'ils sont, il y a des moments où le boyard reparaît, la nuit surtout. Si bien que ce matin nous avons été obligés de nous disputer vertement avec un ministre passé. Il paraît que ce n'était pas encore son heure d'être aimable, car depuis il est devenu charmant. Comme la pauvre Cendrillon qui n'était princesse que jusqu'à minuit, certains princes valaques ne peuvent pas soutenir vingt-quatre heures de suite leur rôle d'hommes civilisés.

Parmi les passagers, le groupe valaque, pour passer le temps, joue à des jeux d'esprit français. Cette prétention à suivre de près ou de loin tout ce qui se fait à Paris amuse fort les quelques Russes qui voyagent avec nous; ils trouvent surtout que les gens de Bucharest écorchent le français. Or, voici ce que j'ai entendu dire à une dame russe, pas plus tard que tout à l'heure.

— J'ai été très-mal *accouchée* cette nuit; quand je n'ai pas de *mousquetaire* avec moi je ne peux pas dormir.

Là-dessus on profite de l'occasion pour risquer un compliment.

— Oh! monsieur, vous dites des *flatuosités*.

Après tout, je ne vois pas pourquoi je rirais de cette erreur de langage; je voudrais bien, pour mon compte, parler le russe, l'anglais ou l'allemand comme les Russes ou les Valaques parlent le français.

Voilà trois jours et trois nuits que nous remontons le fleuve. Dans trois jours nous serons à Vienne.

Le Danube a pris tout à fait sa physionomie allemande, des villages énormes de moulins à eau s'échelonnent le long de ses rives, les coteaux sont couverts de vignobles; partout on voit le produit du travail et de l'intelligence. Nous en avons fini avec l'Orient d'Europe.

FIN.

Lyon. — Imprimerie d'Aimé Vingtrinier.

TABLE DES MATIÈRES

FIN DE LA TABLE.